JN057348

● 2017年度高校入試変更点

□WEB出願導入！

□推薦入試定員増員
40名（2016）→**60名**

● 2017年度高校入試日程

海外帰国生	**1月9日（月）**
	国／数／英・面接（日本語・本人）
推薦入試	**1月23日（月）**
	作文・面接（本人）
一般入試	**①2月10日（金）**
	②2月12日（日）
	国／数／英・面接（本人）

学校説明会

□ 11/19（土）14:00〜（個別相談あり）

□ 11/26（土）14:00〜（個別相談あり）

個別相談会

□ 12/3（土） 9:00〜12:00

□ 12/5（月）/6（火）/7（水） 14:00〜17:00

□ 1/7（土） 14:00〜17:00

説明会やイベントへのご参加には、一部を除きご予約が必要です。詳細のご確認、およびご予約については公式ホームページをご覧ください。

共立女子第二高等学校

共立女子第二　検索

詳細や最新情報はホームページをご確認ください。

〒193-8666　東京都八王子市元八王子町1-710　TEL 042-661-9952　Email：k2kouhou@kyoritsu-wu.ac.jp

アクセス／JR中央線・横浜線・八高線「八王子駅」からスクールバス約20分　JR中央線・京王線「高尾駅」からスクールバス約10分

※ご来校の際はスクールバスをご利用ください。八王子駅・高尾駅より無料でご乗車いただけます。※八王子市めじろ台、みなみ野地区等の居住生徒を対象とした「みなみ野・七国循環ルート」の運行も開始しました。※駐車場がございますので、自家用車でのご来校も可能です。

Kosei GAKUEN GIRLS' SENIOR HIGH SCHOOL

「英語の佼成」から「グローバルの佼成」へ進化した特色あるカリキュラムの３コース制

●特進文理コース･･･　難関大突破への近道。
　文理クラス／メディカルクラス／スーパーグローバルクラス
●特進留学コース･･･まるまる１年間ニュージーランドの高校へ留学。
●進学コース　　･･･個性が生きる多彩な進路に対応。

《学校説明会》

第3回　11月20日(日)14：00～15：30
第4回　11月26日(土)14：00～15：30

《出願直前個別相談会》

第1回　11月29日(火)16：30～19：00
第2回　12月　2日(金)16：30～19：00
第3回　12月　6日(火)16：30～19：00
第4回　12月　9日(金)16：30～19：00

難関大学合格実績

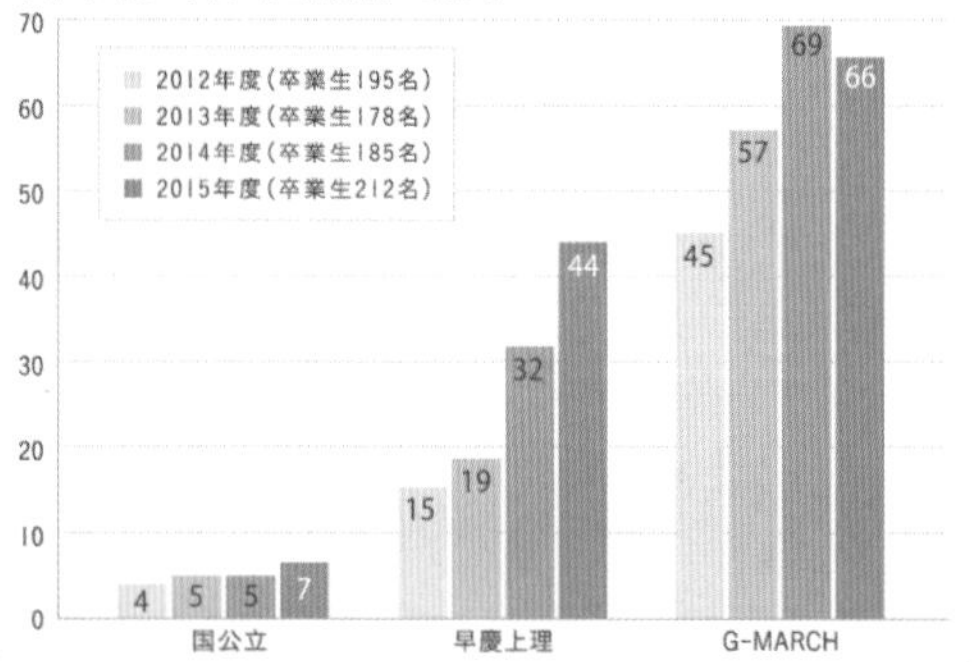

佼成学園女子高等学校

〒157-0064　東京都世田谷区給田2-1-1　Tel.03-3300-2351（代表）www.girls.kosei.ac.jp
●京王線「千歳烏山」駅下車徒歩６分　●小田急線「千歳船橋」駅から京王バス利用約15分、「南水無」下車すぐ

Success15 fifteen
サクセス15
December 2016
12
http://success.waseda-ac.net/

CONTENTS

表紙：渋谷教育学園幕張高等学校

小1〜中3

冬期講習会、受付中

12/26(月)〜29(木)・1/4(水)〜7(土)

※地域・学年により日程が異なる場合がございます。

冬期講習会が、君を変える。

学力の伸びが確認できる！冬期講習会は飛躍のチャンス！

POINT 1
新学年に備える！
重要単元を徹底学習。
- 既習単元を集中的に学習し、理解を深める
- 問題演習を通じて、実戦力を養成する

POINT 2
確かな実力が付く！
実績に裏付けられた
教務システム
- 短期間で力が付く、効果的な学習カリキュラム
- 発問を中心とした、学力別少人数制授業

POINT 3
本気になれる！
充実した学習環境
- 熱意あふれる講師の授業で、学ぶことが楽しくなる
- ライバルからの刺激によって、学習意欲が高まる

冬の3大特典キャンペーン

特典1 プレゼント
お問い合わせ頂いた方全員に！
早稲田アカデミー オリジナル
クリアフォルダ（2枚組）

12/29までにお問い合わせ頂いた方全員に

特典2 プレゼント
入塾手続きをされた方全員に！
早稲田アカデミー オリジナル
わせあかぐまペン(4色のうち1本)
&ペンケースセット(ブルーまたはレッド)

12/29までに入塾手続きをされた方全員に

特典3 減額
入塾手続きをされた方全員に！
入塾金10,800円減額！
- 通常入塾金21,600円のコース ➡ **10,800円に！**
- 通常入塾金10,800円のコース ➡ **無料に！**

※適用期間が延長される学年がございます。詳しくはお問い合わせください。
12/29までに入塾手続きをされた方全員に

冬期新入生応援キャンペーン

① 小5Kコース限定 冬期講習会 **半額**

② 小5K・小6Kコース限定 1月授業料 **半額**

※【小5K】冬期講習会初日までに、冬期と1月の塾籍を含む入塾手続きをされた方が対象となります。
※【小6K】12月29日までに1月の塾籍を含む入塾手続きと、4月以降の新中1の継続受講手続きをされた方が対象となります。

2016 高校入試合格実績

開成	79	青山学院	118	青山	32	船橋	30
慶應女子	87	ICU	78	立川	31	東葛飾	17
慶應志木	272	明大明治	98	新宿	34	千葉東	13
慶應義塾	282	明大中野	122	国際	33	佐倉	12
慶應湘南藤沢	20	中大附属	82	国分寺	38	薬園台	8
早実	176	中大杉並	187	三田	21	浦和	34
早大学院	271	中央大学	77	小山台	14	浦和第一女子	16
早大本庄	400	渋谷幕張	79	駒場	24	大宮	18
筑駒	20	市川	153	横浜翠嵐	13	川越	16
筑附	48	日比谷	81	湘南	6	川越女子	25
学大附	63	西	52	柏陽	3	春日部	15
お茶附	35	戸山	46	川和	3	土浦第一	17
立教新座	327	八王子東	17	厚木	9	竹園	5
豊島岡女子	75	国立	49	千葉	21	その他多数合格	

お問い合わせ、お申し込みは
早稲田アカデミー各校舎までお願いいたします。 早稲田アカデミー 検索

中2・3対象

いつもと違う環境でさらにレベルアップ！ 正月特訓

中2 実力アップ 正月特訓

「実力」と「自信」。この２つが身に付きます。

「入試まで、まだ1年」から、「入試まで、あと1年」のターニングポイントが、中2の正月特訓です。受験学年に余裕を持って臨むために中2の学習内容の復習・徹底演習を行います。各拠点校に結集して他校の生徒と同じ教室で競い合うことで、より効果的な学力向上が望めます。

[日程] 12/30、1/2、1/3（全３日間）
[時間] 9：00～10：50／11：00～12：50
13：40～15：30／15：40～17：30

中3 入試直前 正月特訓

得点力アップは間違いなし！

この時期の重点は、ズバリ実戦力の養成。各拠点校に結集し、入試予想問題演習を中心に『いかにして点を取るか』すなわち「実戦力の養成」をテーマに、連日熱気のこもった授業が展開されます。

[日程] 12/30～1/3（全５日間）
[時間] 9：00～10：50／11：00～12：50
13：40～15：30／15：40～17：30

早稲田アカデミー

中3対象　難関校に合格するための最高峰の環境とシステム

必勝コース

必勝5科コース
筑駒クラス・開成クラス・国立クラス

必勝3科コース
選抜クラス・早慶クラス・難関クラス

早稲田アカデミーの必勝コースはここが違う！

講師のレベルが違う！

難関校入試のエキスパート講師陣
必勝コースを担当する講師は、早稲田アカデミーの最上位クラスを長年指導している講師の中から、さらに選ばれた講師陣が授業を担当します。

テキストのレベルが違う！

難関校の入試に対応した教材
過去十数年の入試問題を徹底分析し、難関校入試突破のためのオリジナルテキストを使用。今年の入試問題を詳しく分析し、必要な部分にはメンテナンスをかけて、いっそう充実したテキストになっています。

生徒のレベルが違う！

やる気を引き出すハイレベルな環境
必勝コースの生徒は難関校を狙うハイレベルな層。同じ目標を持った仲間と切磋琢磨することで成績は飛躍的に伸びます。

土曜集中特訓

9月開講　**土曜実施**

開成国立
午前 英語・数学・国語　午後 理社
（午前と午後に1講座ずつ選択できます）

慶應女子
午前 英語　午後 国語

早慶
午前 英語・数学・国語
（1講座選択）

難関
午前 英語・数学
（1講座選択）

授業は長年にわたって開成・慶女・早慶・難関校入試に数多く合格者を出している早稲田アカデミーを代表するトップ講師陣が担当します。来春の栄冠を、この「土曜集中特訓」でより確実なものにしてください。

土曜集中特訓の特長

- 早稲田アカデミーが誇るトップ講師陣が直接指導
- 開成・国立・慶女・早慶・難関私立入試の傾向を踏まえたオリジナルテキスト
- 開成国立クラスでは、12月以降に徹底した予想問題のテストゼミを実施

中1・中2・中3対象　早稲アカだからできる規模・レベルの模試・イベント

中3
本番そっくり・特別授業実施・5科
開成実戦オープン模試
特待生認定あり　Web帳票で速報
11/26（土）
テスト 8：30～13：50
授業 14：00～15：30
テスト代 5,100円

中3
課題発見。最後の早慶合格判定模試
早慶ファイナル模試
特待生認定あり　Web帳票で速報
11/26（土）
テスト 9:00～12:45
テスト代 4,200円

中1・2
開成・国立附属・早慶附属を目指す中1・中2対象
難関チャレンジ公開模試
特待生認定あり　Web帳票で速報
12/4（日）
【5科】英・数・国・理・社　8:30～13:00
【3科】英・数・国　8:30～11:35
テスト代 4,500円

中3
入試直前対策講座
【対象】直前期帰国生で首都圏難関高校受験予定者
1/10（火）～2/4（土）　月～金（全 20回） ※ 2/4（土）含む
会場 ExiV 渋谷校
時間 10：00 ～ 15：00
費用 102,900円（税込）
【5科】英・数・国・理・社
【3科】英・数・国＋テスト形式演習
※選択制

小4・小5・小6公立中進学者対象　君の将来の夢……可能性は無限大。

小4・小5・小6 実力診断
早稲アカ夢テスト®
12/3（土）
別日受験できます。
無料　10:00～12:00
※実施時間は校舎により異なります。

保護者様対象　同日開催　進学講演会のみの参加も可能です。　**無料**
最新の地域別中学校・入試情報をご提供します。
公立中学進学講演会

会 場▶早稲田アカデミー各校舎
時 間▶10:30～12:00 ※実施時間は校舎により異なります。
● 英語教育大改革　● 大学入試改革　● 高校入試の基礎知識　● 地域情報　など

お問い合わせ、お申し込みは
早稲田アカデミー各校舎までお願いいたします。　早稲田アカデミー　検索

中2・3対象　得点力アップ！入試頻出単元をピンポイントで学習

日曜日を使って効率的に
学力アップを実現する

日曜特訓講座

中2対象　中2必勝ジュニア

『合格』を果たすには、合格に必要なレベルを知り、トップレベルの問題に対応できるだけの柔軟な思考力を養うことが何よりも重要です。さあ、中2の今だからこそトライしていこう！

▶必勝ジュニアの特長

- 難関高校の入試問題トップレベルの内容を扱います
- 難関校を目指すライバルに差をつけます
- 中2でも解ける入試問題にチャレンジします
- 1つのテーマを5時間の集中授業で完璧にします
- 11月の特訓クラス選抜試験対策になります

［科目］英語・数学　［時間］13：30～18：45
［日程］11/27、1/8
［会場］新宿校・渋谷校・成城学園前校・西日暮里校・
武蔵境校・横浜校・たまプラーザ校・南浦和校・津田沼校

対象▶特訓クラス生およびレギュラークラスの上位生。詳しくはお問い合わせください。

中3対象　中3日曜特訓

2学期の日曜特訓は入試即応の実戦的な内容になっています。また、近年の入試傾向を徹底的に分析した結果、最も出題されやすい単元をズラリとそろえています。

▶日曜特訓の特長

- 入試頻出単元を基礎から応用まで完全にマスターします
- 1つのテーマを5時間の集中授業で完璧にします
- ライバルに一歩差をつけるテクニックを身につけます
- 模擬試験や過去問演習での得点力をアップします
- 志望校合格に向けて確かな自信をつけていきます

［科目］英語・数学　［時間］13：30～18：45
［日程］11/20、11/27、12/18
［会場］茗荷谷校・大森校・三軒茶屋校・葛西校・吉祥寺校・
綱島校・新百合ヶ丘校・南浦和校・川越校・松戸校・津田沼校

※都立Vもぎ（東京都）・千葉県立Vもぎ（千葉県）実施日は時間の変更をします。
最寄りの校舎にお問い合わせください。

早稲田アカデミー

知る 探る 究める

栄東のアクティブラーニング!!

◆クイズ研究部

全国大会から世界へ!!!
決勝でハワイ、ハリウッドへ!!

◆鉄道研究同好会

全国鉄道コンテスト入賞!!
(校舎横にはJR操車場)

◆20年後の履歴書

栄東祭は大盛況!!

◆アメリカAL

ボストンの
ミルトンハイスクール
ディベート&ディスカッション!!

◆地歴AL

北条政子の真実を
プレゼンテーション

アーチェリー 野球
チアダンス サッカー
水泳 硬式テニス
コーラス 茶道
美術 理科研究
競技数学 書道
…

研究論文
ジョブコンテンツ
栄東読書100選
ブックマイスター
ビブリオバトル
…

発想力 論理力
創造力 思考力
表現力 読解力
…

◆京都 AL

京都大学の留学生に
英語でガイド!!

◆オーストラリアAL

シドニーの
セントアイビスハイスクールで
書道!!

AL

クラブ

キャリア

教科

校外・校内

◆校外ALin三宅島

千葉大学の教授と
三宅島の巡検から学ぶ火山学!!
文部科学省SPP指定校

京都AL
河口湖AL
奥武蔵AL
信州AL
…

栄東中学・高等学校

〒337-0054 埼玉県さいたま市見沼区砂町2-77(JR東大宮駅西口 徒歩8分)
◆アドミッションセンター TEL:048-666-9200 FAX:048-652-5811

将来のことを考える

なりたい職業につくためには

　将来のことを考えたことはありますか？　こんな仕事をしたい、あんな職業につきたい、あの人のようになりたい…。そういう憧れを持っていると、自分がこれからすべきことが明確になり、目の前の勉強へのモチベーションが高まったりもします。今回は、中学生のみなさんにはちょっと早いかもしれませんが、いくつかの職業をピックアップし、こうした職業につくためには、大学でどんな学部に進めばいいかを紹介しています。さらに、弁護士と医師という文系・理系両方の人気職業で活躍する方のインタビューも掲載。すでにめざす職業がある人、まだまだ目標なんて決まっていないよという人、どちらにもタメになる特集です。

萱《かや》野《の》唯《ゆい》さん

職業インタビュー

弁護士

興味を持って自主的に勉強に取り組むことが大切

Q：弁護士になりたいと初めに考えたのはいつごろですか？

A：中学生ぐらいのときです。小中学生のころから新聞を読んだりニュースを見たりするのが好きでした。そのなかで色々な社会問題に興味を持ち、理不尽な思いをされている人がたくさんいることを知ったときに、将来、そういう人たちの手助けができる弁護士か公務員になりたいと、まだまだ漠然とではありますが思い始めました。勉強は、それからやるようになったかな（笑）。

Q：その思いが固まったのはいつごろでしょうか。

A：大学で学部を選ぶときも、その思いから法学部を選びました。そして入学後、少ないながらも同じような目標の友だちが周りにいたこともあり、大学1、2年の間には「弁護士をめざそう」という気持ちは固まっていました。

Q：実際に弁護士になって仕事をするなかで充実感を覚えたり、おもしろいなと感じるのはどんなときでしょうか。

A：弁護士というと、刑事裁判で検察と戦ったりするイメージが強いと思います。しかし、弁護士の仕事にも色々な種類があって、企業の取り引きなどにもかかわります。私はそういった仕事が多いのですが、両者の言い分や利益などが相反していて、かなり対立しているような状況に入っていって、お互いを解きほぐし、わかりあってもらえたときには「弁護士になってよかったな」と本当に思います。

Q：中学生や高校生の時点で、将来の目標があるとしたら、その目標に向けてどんなことをするのがいいでしょうか。

A：その分野に普段から目を向けて、できれば実際に「こうなりたい」というロールモデルを見つけたり、また、そうした大人と接点を持つといいのではないでしょうか。

Q：高校受験にはどう取り組まれましたか。

A：私は、元々新聞やニュースをよく見ていたので社会科だけは得意だったのですが、それ以外の勉強はそんなに好きではなかったんです。だから高校受験のときも、勉強をしないといけないのはわかってはいるのに、受験生になっても全然集中できなくて、そんな自分にいらいらしていたのを覚えています。

　でも、漠然とでも弁護士になりたいという思いを抱いたことで、「そのためには受験勉強を頑張らないといけないな」という気持ちになりました。

　そこで考えたのが「なぜ自分は社会科は好きなんだろう」ということです。その理由は興味があったから、ということだとわかったので、ほかの教科も社会の色々なことに結びつけて、ただ受験のためだけにやろうというのではなく、「きっとこれは社会に出たときのための勉強なんだ」と考えることで、勉強することに興味を持てるようにしていきました。最初はそれでも難しかったですが、そうやって取り組むことで、「主体的に興味を持って勉強に取り組むことが大事」と実感できたことがとても大きかったですね。

　受験生のみなさんも、目標のためにそれが必要なんだという気持ちで、前向きに興味を持って勉強に取り組んでみてください。

1986年、新潟県生まれ。県立新潟高→青山学院大法学部法学科→中央大法科大学院卒。ヴァスコ・ダ・ガマ法律会計事務所勤務。専門はエンターテインメント法務、スポーツ法務、企業法務など。

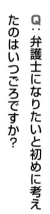

職業インタビュー

中嶋《なかじま》 香児《こうじ》さん

医師

学生時代は広い視野と心の余裕を持って過ごしてほしい

Q：いつごろから医師になりたいと考えていましたか。

A：本格的に決めたのはもっとあとですが、少し考え始めたのが小学生の終わりごろから中学に入学したくらいだと思います。

Q：きっかけはなんだったのでしょうか。

A：これ、というものはないのですが、小学生のときから、どちらかというと理系寄りというか、数学や理科に興味があり、将来はそういった分野の職業がいいかなとおぼろげに考えていたなかで出てきた1つが医師です。思いを固めるまでにはほかの職業も考えてはいたのですが、理系寄りの進路を考えるなかで徐々に決まっていった感じです。

あとは、私の父が医師で身近な職業だったということもあると思います。親が医師で、それをめざすというのはよくある話ですが、私の場合は親から言われたことはなく、進路は自分で決めたという部分が大きいですね。

Q：おぼろげだった医師という職業への道を強く意識するようになったのはいつごろですか。

A：本当に考えたのは高1～2年のあたりです。周りの同級生が進路の話などを結構していて、その影響を受けて、これまで色々考えていたなかから医師にしようと決めたという感じです。

Q：中嶋さんが専門にされているのは脊椎《せきつい》脊髄《せきずい》外科《げか》という、あまり聞き慣れない科ですね。

A：そうですね。大きなくくりでは整形外科の1つの部門です。整形外科の範囲は広くて、首から下の骨、筋肉、関節、神経といった運動器官がすべて入ります。それが細分化されていて、脊椎はいわゆる背骨ですね。脊髄はそこを走っている太い神経です。整形外科には、ほかにも部門は色々あるのですが、脊椎脊髄はやや特殊なので、整形外科とわけて表記されていることもあります。

Q：脊椎脊髄外科を選んだのはどうしてでしょうか。

A：まず、歩けない人が歩けた、骨が折れて手が使えなかったのが使えるようになった、そういうお手伝いができればいいなと思って整形外科を選びました。そして、脊椎脊髄外科は、例えば足が動かないとか、しびれるといった症状に対して、どこが悪いのか診断するとなると非常に難しいということが多い科なんです。そこにやりがいを感じたことが理由ですね。

Q：医師になりたいという思いを持っている中学生に対して、アドバイスをいただけますか。

A：小中高生で医師に憧れていたり、なりたいと思っている人は、「医師になること」だけに視野を絞りすぎないようにした方がいいと思います。例えば、医師になって患者さんと話したりするときには色々なことを知っていると役に立つこともよくあります。

医学は医学部に入ればいくらでも学べますが、中学や高校では基本的に医学は学ぶことができません。ですから、「絶対医師になるんだ」という気持ちでいることもすばらしいことですが、学生時代はその一方で、広い視野でほかのことにも興味を持っているのがいいのではないでしょうか。そういう心の余裕も大切になってくる気がします。

1985年、静岡県生まれ。県立磐田南高→東京大医学部卒。関東労災病院勤務。専門は脊椎脊髄外科、整形外科一般。

検察官

どんな仕事？

警察官とともに事件や犯罪を捜査し、裁判を行うかどうかを決める仕事です。ときには犯人や参考人を取り調べたり、警察を指揮・指導したりすることもあります。また、警察と協力することなく独自の捜査を行うことも。検察官も、弁護士、裁判官同様、**法曹資格**が必要です。しかし、弁護士とは異なり、検察官は国家公務員なので、検察庁に所属することになります。

裁判官

どんな仕事？

裁判所で行われる訴訟において、当事者や弁護士、検察官、証人などの話を聞き、証拠が妥当かも調べ、法律に基づき、判決・決定を下す仕事です。裁判官の判決には大きな責任が伴い、公正かつ中立な判断力が必要とされるため、「法の番人」とも呼ばれます。裁判官（判事）は、**法曹資格**を得たあと、10年間判事補として経験を積み、その後任命されます。

弁護士

どんな仕事？

裁判などで依頼人を弁護するなど、法律の専門家として、さまざまなトラブルに対する助言や法的手続きを通して、問題解決に向けて依頼人をサポートします。扱うのは犯罪や事件だけでなく、離婚におけるトラブルや相続に関する問題など幅広い事柄におよびます。また、市民に対して法律相談なども行います。**法曹資格**を得て、弁護士会に登録したのち、仕事を行うことができます。

なるためには？

弁護士・裁判官・検察官の三者はまとめて「法曹」と呼ばれます。いずれの職業につきたい場合でも、まずは国家試験である司法試験に合格することが必要です。そして司法試験を受験するためには、法科大学院を卒業するか、司法試験予備試験に受からなければなりません。ただし、予備試験に合格することは非常に難しいので、多くの学生が法科大学院を卒業し、受験資格を得ています。

大学ではどの学部に進むべきかというと、やはり**法学部**へ進学するのがいいでしょう。なぜなら法学部で法律科目を学んだ場合は、法科大学院に２年間在籍すればいいのですが、法律科目を学んでいないと３年間在籍が必要となるからです。

法学部は、多くの大学にあります。国・公・私立、全国のさまざまな大学から進学先を選ぶことができます。しかし、そのすべてに法科大学院が設置されているわけではありません。法科大学院のある大学としては、**東京大**、**京都大**、**一橋大**、**大阪大**、**北海道大**、**神戸大**、**慶應義塾大**、**早稲田大**、**中央大**、**明治大**などがあります。

司法試験合格後は、司法研修所で１年間の司法修習を受けます。司法修習では、弁護修習・裁判修習・検察修習など、法曹三者のどの現場も体験します。そして、司法修習の最終試験となる司法修習生考試に合格することで、弁護士、裁判官、検察官のいずれかになれる資格が与えられます。どれになるかは原則的に自分で選べます。

以上のように、法曹三者のいずれになる場合も、基本的には司法修習の最後まで全員同じルートをたどることになります。

医師

どんな仕事？

病気にかかっている人やケガをした人を診療する仕事です。人の命にかかわる仕事なので、医学の専門的な知識を身につける必要があります。医師は国家資格です。なるためには、毎年実施されている医師国家試験に合格し、**医師免許**を取得しなければなりません。

また、医師免許を取得後、すぐに医師として認められるわけではなく、２年間の臨床研修を経験することが必要となります。

なるためには？

医師国家試験を受験するために必要な前提条件として「医学の正規の課程を修めて卒業すること」とあります。ですから、医師になるためには大学で**医学部**医学科に進学するのが一番です。医学部は**東京大（医学部）**、**京都大（医学部医学科）**、**慶應義塾大（医学部）**など、全国の国・公・私立合わせて80の大学に設置されています。また、防衛医科大学校もあります。医学部は普通の大学と異なり、６年制です。

薬剤師

どんな仕事？

専門的な知識に基づいて、病気の治療や予防に使う「薬」を扱います。薬剤師になるためには、**薬剤師免許**を取得する必要があります。業務は調剤薬局やドラッグストア、病院、医薬品関係企業と働く場所によって異なります。例えば、調剤薬局であれば、医師が出した処方箋《しょほうせん》をもとに薬を調剤し、患者に対して薬の説明や服薬指導を行います。医薬品関係企業では、薬の製造や販売にかかわることもあるでしょう。

なるためには？

薬剤師免許は、薬剤師国家試験を受験し、合格することで得られます。薬剤師国家試験の受験資格として、大学で薬学の正規課程を修了していることが求められるので、**薬学部**に進みましょう。薬学部は医学部と同様に６年制で、約半年の薬局病院実務実習が必修となっています。薬学部は国立では**北海道大**や**大阪大**、**京都大**、私立大では**慶應義塾大**や**東京理科大**、**立命館大**、**北里大**などに設置されています。

獣医師

どんな仕事？

獣医師とは、人間ではなく動物の診療を行う医師のことです。イヌ・ネコ・小鳥などのペットや、ニワトリ・ウシ・ブタなどの産業動物など、あらゆる動物を看《み》ます。動物病院だけでなく、動物園や水族館など、動物が多く暮らす施設で勤務する獣医師もいます。彼らは、動物たちの日ごろの体調管理や出産のケアなどを行っています。医師、薬剤師と同様に、獣医師も国家資格であり、**獣医師免許**の取得が必要です。

なるためには？

獣医学科のある獣医学系の大学に進む必要があります。例えば、**東京大（医学部）**、**北海道大（獣医学部）**、**東京農工大（農学部）**、**日本獣医生命科学大（獣医学部）**などで、全国で国公立11大学、私立５大学と数はあまり多くありません。６年制で、獣医学科が設置されている学部は大学によって名称が異なるのでよく調べることが必要です。これらの大学で正規課程を修了し、獣医師国家試験に合格すると獣医師免許を得られます。

社会福祉士／臨床心理士

どんな仕事？

医師や薬剤師以外の医療や福祉関係の仕事のなかから、社会福祉士と臨床心理士を紹介します。社会福祉士は福祉の専門家です。身体上、精神上の障害がある人、環境上の理由で日常生活を営むのに支障がある人の相談に応じます。**社会福祉士国家試験**を受け資格を得る必要があります。臨床心理士は、精神疾患や心身症の改善や予防などに取り組む心理職のエキスパートです。**日本臨床心理士資格認定試験**に合格しなければなりません。

なるためには？

社会福祉士は、相談援助の実務を経験したり養成施設などで学ばずに資格試験を受験できる**福祉系学部**がおすすめ。**法政大（現代福祉学部）**や**立教大（コミュニティ福祉学部）**などがあります。臨床心理士は**心理学を学べる学部**がいいでしょう。**東京大（文学部・教育学部）**や**早稲田大（人間科学部ほか）**などです。試験を受けるには日本臨床心理士資格認定協会の指定大学院・専門職大学院修了学歴が必要なので大学院にも進みます。

建築士

どんな仕事？

建設会社や住宅メーカー、設計事務所などに勤務し、さまざまな建物を設計します。その設計図に基づき、建築現場で工事の管理も行います。取り扱うことのできる建物の規模や構造に応じて、**一級建築士**・**二級建築士**・**木造建築士**の３つに分かれます。建築士は建築士法のもとで国家資格に定められており、国家試験に合格することで資格を得られます。受験資格には実務経験が必要な場合もあります。

なるためには？

建築士試験を受けるためには、必ずしも大学の建築学科に進学しなければならないわけではありません。しかし、学歴によって受験に必要な実務経験の年数が異なるため、**建築学科**を卒業しておく方が近道です。とくに一級建築士は建築学科卒業後、実務経験２年を経て受験資格を得られるため、建築学科に進学するのが最短ルートです。**京都大（工学部）**や**早稲田大（創造理工学部）**、**東京理科大（工学部・理工学部）**などがあります。

理系の研究者

どんな仕事？

研究者とは大学や研究機関などで、自分が専門とする学問を研究する人のことをさします。研究機関には、国立のものや民間企業のものなどがあり、そうした機関で研究職として採用されれば研究者になれます。なお、研究者にはこの資格をとらなければならないというものはありませんが、多くの人は大学院後期課程を修了し、**博士号**を取得しています。しかし、博士号取得も研究職への採用も非常に難しいので覚悟が必要です。

なるためには？

仕事内容でも述べたように、研究者になるための資格はとくにありません。しかし、大学を選ぶ際は、自分が**一生かけて学んでいきたいと思える学部**に進む必要があるでしょう。例えば、ロケットなど宇宙機器の製造について研究をしたいと思うのであれば、工学部の航空宇宙工学科をめざすといった形です。大学を卒業したら大学院へ進学し、２年間の前期課程、そして３年間の後期課程を修了し、博士号の取得をめざしましょう。

小学校教諭

どんな仕事？

小学校において、児童に対して生活と教科の指導を行います。学校によっては、音楽や体育は専任の教諭が教える場合もありますが、小学校教諭は全教科を教えるのが原則です。各教科の専門的な知識が身についていることはもちろん、人間の成長や発達についても深く理解していることが重要といえます。資格としては、**小学校教員免許**が必要で、学歴によって**専修（修士）**、**一種（学位）**、**二種（短期大学士）**に分かれます。

なるためには？

大学の**教育学部**に進みましょう。ただし、教員は各学校種ごとの免許が必要なため、小学校教諭になるには小学校の教員免許を得なければなりません。**筑波大（人間学群教育学類）**、**東京学芸大（教育学部教育系）**、**早稲田大（教育学部教育学科）**などで一種の免許が得られます。なお、免許状は一度取得すればいいわけではなく、10年の有効期限があるため、継続するには30時間以上の免許状更新講習を受講・修了する必要があります。

外交官

どんな仕事？

外交官とは、日本と海外の国々との外交を担当する仕事です。世界各国の日本大使館や領事館などの在外公館、または外務省本省で働きます。国家間の交渉が仕事となるため、高い語学力だけでなく、コミュニケーション能力や柔軟な思考力なども必要となるでしょう。また、さまざまな国に赴任することが考えられるので、どのような国でも生活していける体力と精神力、そして適応力が求められます。

なるためには？

国家公務員採用総合職試験に合格し外務省に入省するか、**外務省専門職員採用試験**に合格し専門職員となる道があります。どの学部でも受験は可能ですが、試験科目にある憲法などを深く学べる**法学部**や語学を学ぶ**外国語学部**に進むのもいいでしょう。**東京外大（外交官・国家公務員総合職プログラム）**や**青山学院大（公務員志望者向け 進路・就職支援プログラム）**などでは試験合格のための支援体制が整えられています。

通訳

どんな仕事？

異なる言語を話す日本人と海外の人がコミュニケーションをとる際、その手助けのために、それぞれの言葉を訳し伝える仕事です。重要なのは個人的感情を出すことなく、それぞれの言葉を正確に伝えることです。そのためには、外国語の高い理解力や会話の内容に対する専門的な知識、そして日本語の表現力なども必要となります。なかには**通訳案内士**の資格を取り、外国人旅行者に日本を案内する通訳案内士として働く人もいます。

なるためには？

一般的な通訳になるには、とくに資格は必要ありません。高い語学能力、海外の国や文化などについて学べる**外国語学部**や**文学部**に進むといいでしょう。**東京外大（言語文化学部）**、**津田塾大（学芸学部英文学科）**、**上智大（外国語学部）**などがあります。ただし通訳案内士になるためには試験を受ける必要があります。受験資格はとくにありませんが、難度が高く、試験科目には外国語に加え、日本の歴史や地理などもあります。

スーパー グローバルクラス 新設!

日本大学高等学校

NIHON UNIVERSITY SENIOR HIGH SCHOOL

学校説明会(予約不要)

第2回　11月12日(土)　14:00〜

内容：教育方針について
平成29年度入試関連事項説明
大学入試状況説明
受験科目のワンポイントアドバイス等

第3回　11月26日(土)　13:30〜

内容：第2回説明会と同じ内容です。
※説明会当日は、日吉駅より学校まで無料のスクールバスを運行します。

平成29年度入試の主な変更点

- 平成29年度より『スーパーグローバルクラス』を新設!
- 推薦入試の募集人員：70名⇒100名に増員!

※詳細は募集要項等をご確認ください。

平成29年度　入試要項(抜粋)

New!

	推薦入試	一般入試				帰国・国際生入試
		一般A日程(併願・オープン)		一般B日程(併願・オープン)		
募集人員	100名	130名				若干名
試験日	1/22(日)	2/10(金)		2/14(火)		1/22(日)
試験方法	作文・面接(本人のみ)	国・数各100点/各50分　英100点/60分				帰国生：国・数・英 国際生：数・英・面接
インターネット出願期間	1/16(月)〜1/18(水)	一般併願　：1/26(木)〜2/4(土) 一般オープン：1/26(木)〜2/7(火)				1/10(火)〜1/18(水)
合格発表	1/23(月)校内掲示	併願	オープン	併願	オープン	1/23HP
		2/10HP 郵送	2/10HP 2/11掲示	2/14HP 郵送	2/14HP 2/15掲示	

※「特別進学クラス」及び「スーパーグローバルクラス」を志望する場合の条件等は募集要項でご確認ください。

〒223-8566　横浜市港北区箕輪町2-9-1　TEL.045-560-2600　FAX.045-560-2610
http://www.nihon-u.ac.jp/orgni/yokohama/

ぶらりと散歩してみよう

文豪ゆかりの地めぐり

今回の特集テーマは、文豪ゆかりの地めぐり。じつは私たちの身近には、国語や歴史の教科書でおなじみの文豪たちにゆかりのある場所として、石碑や邸宅、記念館などが多く残されているんだ。散歩のように楽しんでめぐりながら、勉強にもなるスポットを紹介するよ。

写真：立教大学

樋《ひ》口《ぐち》一《いち》葉《よう》

(1872年-1896年) わずか24歳でこの世を去りながら、多くの秀作を残した日本近代女流文学の草分け的存在。代表作は『たけくらべ』『にごりえ』など。

台東区立一葉記念館

日本初の女性作家の単独記念館として1961年(昭和36年)に開館し、2006年(平成18年)、樋口一葉が新5000円札の肖像に採用されたことを機にリニューアルオープン。一葉自筆の原稿や書簡、旧宅の模型なども展示されている。

所在地:東京都台東区竜泉3-18-4
TEL:03-3873-0004
アクセス:地下鉄日比谷線「三ノ輪駅」徒歩10分
開館時間:9:00～16:30
休館日:月曜(祝日の場合は翌日)、年末年始、特別整理期間中
入館料:大人300円、小中高生100円

樋口一葉旧居跡

ここには一葉が1890年(明治23年)から約2年間住んだ家があった。現在残るのは井戸のみだが、まるで当時にタイムスリップしたかのような雰囲気が漂う。近くには一葉が家計をやりくりするために通った伊勢屋質店もある。

所在地:東京都文京区本郷4-32
アクセス:地下鉄丸ノ内線「本郷三丁目駅」徒歩7分

所在地:東京都文京区本郷4丁目付近
アクセス:地下鉄丸ノ内線「本郷三丁目駅」徒歩5分

菊坂通り

多くの文人が暮らした菊坂では一葉ゆかりの地のほか、宮沢賢治の旧居跡なども見て回ることができる。通りの街灯には、それぞれ菊坂ゆかりの文人の紹介が書かれている。一葉の街灯があるのは通りの入口(本郷通り側)付近。

夏《なつ》目《め》漱《そう》石《せき》

(1867年～1916年) 余裕ある態度で静かに物事を見つめる作風が特徴。代表作は『吾輩は猫である』『坊ちゃん』『草枕』『それから』など。

所 在 地:東京都新宿区早稲田南町7
アクセス:地下鉄東西線「早稲田駅」徒歩10分
開園時間:4～9月 8:00～19:00
10～3月 8:00～17:00

新宿区立漱石公園

夏目漱石が9年間過ごした邸宅・漱石山房。その跡地の一部が、公園として整備されている。園内には漱石山房のベランダ風回廊の復元(写真)や資料を展示する道草庵など、漱石にまつわるものがたくさんある。

三四郎池

東京大学本郷キャンパス内にあり、漱石の小説『三四郎』に登場する場所として有名な三四郎池。正しくは育徳園心字池と言い、江戸時代に当時の前田藩主により築造された庭園だったんだ。緑が多く、散歩にぴったりの場所だよ。

所在地:東京都文京区本郷7-3-1
アクセス:地下鉄南北線「東大前駅」徒歩1分

所在地:文京区向丘2-20-7
(日本医科大学同窓会館内)
アクセス:地下鉄南北線「本駒込駅」徒歩8分

夏目漱石旧居跡(猫の家)

漱石が『吾輩は猫である』を執筆した邸宅の跡地。記念碑とネコの像がある。東京大にも近いので、三四郎池に行ったらここにも足を延ばしてみたい。

江《え》戸《ど》川《がわ》乱《らん》歩《ぽ》

(1894年-1965年) 推理小説を得意とし、代表作は『D坂の殺人事件』『怪人二十面相』など。ペンネームはアメリカの作家エドガー・アラン・ポーに由来。

写真:立教大学

旧江戸川乱歩邸

所在地:東京都豊島区西池袋3-34-1
TEL:03-3985-4641
アクセス:JR各線ほか「池袋駅」徒歩7分
公開時間:祝祭日を除く水・金曜日 10:30～16:00
休館日:水・金曜以外
入館料:無料

江戸川乱歩の創作の場であった「幻影城」を知っているかな。立教大池袋キャンパスに隣接する地に、死去する70歳まで居を構えた江戸川乱歩。生前に書庫兼書斎として使用した2階建ての土蔵(「幻影城」)と邸宅は現在立教大が管理しており、水曜日と金曜日に公開されている。2万点以上の蔵書や資料が所蔵された、乱歩の小説世界さながらのミステリアスを秘めた土蔵をのぞいてみよう。

池《いけ》波《なみ》正《しょう》太《た》郎《ろう》

(1923年-1990年) 戦国時代や江戸時代を舞台とする時代小説を多く書いた作家。代表作は『鬼平犯科帳』『剣客商売』『真田太平記』など。

写真:池波正太郎記念文庫所蔵

池波正太郎記念文庫

所在地:東京都台東区西浅草3-25-16
TEL:03-5246-5915
アクセス:つくばエクスプレス「浅草駅」徒歩5分
開館時間:月～土9:00～20:00
日・祝9:00～17:00
休館日:毎月第3木曜(館内整理日・祝日の場合は翌日)、年末年始、特別整理期間
入館料:無料

時代小説で有名な池波正太郎の業績や作品世界を紹介する池波正太郎記念文庫。展示室には、詳細な年譜、著作本、自筆原稿、自筆画、パイプや万年筆などの遺愛品、作品執筆の際の資料、蔵書など、池波について学べる展示が充実している。多くの名作が生まれた書斎を生前のままに復元した展示も必見。また、戦前から現代の人気作品まで日本の時代小説に関する資料を集めたコーナーもあるよ。

林《はやし》芙《ふ》美《み》子《こ》

(1903年-1951年) 自身の放浪生活の体験をもとにした自伝的小説『放浪記』のほか、庶民生活の哀感をつづった作品を多数発表した女流作家。

写真：新宿歴史博物館

新宿区立林芙美子記念館

所在地：東京都新宿区中井2-20-1
TEL：03-5996-9207
アクセス：都営地下鉄大江戸線・西武新宿線「中井駅」徒歩7分
開館時間：10:00〜16:30
休館日：月曜(祝日の場合は翌日)、年末年始
入館料：一般150円、小・中学生50円

林芙美子が1951年（昭和26年）にこの世を去るまで、約10年にわたり住んでいた家を記念館として開放している。この家は芙美子自身が建築の勉強をしたうえで設計にかかわったといい、随所にそのこだわりが感じられる。旧家部分に入室することはできないが、庭先から茶の間や書斎など室内を見学することができる。また、画家の夫・緑敏のために作られたアトリエは展示室になっており入室可能。

徳《とく》冨《とみ》蘆《ろ》花《か》

(1868年-1927年) 明治から大正にかけて代表作『不如帰』をはじめ、数々の作品を残した小説家。兄はジャーナリストとして活躍した徳富蘇峰。

蘆花恒春園

所在地：東京都世田谷区粕谷一丁目
TEL：03-3302-5016
(蘆花恒春園サービスセンター)
アクセス：京王線「芦花公園駅」「八幡山駅」徒歩15分
開園時間：恒春園区域は9:00〜16:30
旧宅、記念館は9:00〜16:00
休園日：年末年始(恒春園区域のみ)
入園料：無料

徳冨蘆花は40歳から、土に親しむ生活を送るため、「恒春園」と名づけたこの地で晴耕雨読の生活を送った。蘆花の没後、その住居と旧邸地が東京市に寄贈され、現在は公園として一般公開されている。蘆花の旧宅や、蘆花の作品などを展示した記念館がある恒春園区域のほか、花が咲き誇る花壇や遊具がある開放公園区域もある。なお、旧宅は東京都の史跡に指定されている。

松《まつ》尾《お》芭《ば》蕉《しょう》

(1644年-1694年) 現・三重県出身の江戸時代前期に活躍した俳諧師。多くの名句を残しており、とくに全国を旅した紀行文『おくのほそ道』が有名。

画像提供：江東区芭蕉記念館

江東区芭蕉記念館

所在地：東京都江東区常盤1-6-3
TEL：03-3631-1448
アクセス：都営新宿線・都営大江戸線「森下駅」徒歩7分
開館時間：(展示室)9:30〜17:00
休館日：第2・4月曜(祝日の場合は翌日)
入館料：大人200円、小中学生50円

松尾芭蕉がかつて住んでいた深川の地に建てられた記念館。展示室と図書室が併設されている。芭蕉の名句のみならず、さまざまな俳句文学に関する資料がそろい、入口にある芭蕉の俳句にちなんだ花や草木が配された日本庭園も魅力的。この地から代表作『おくのほそ道』の旅に出発したり、多くの作品が生まれたことから芭蕉のゆかりの地として親しまれており、周辺には芭蕉庵史跡展望庭園もある。

正《まさ》岡《おか》子《し》規《き》

(1867年-1902年) 34年という短い生涯ながら、短歌・俳句の改革運動を成し遂げ、近現代文学に大きな影響を与えた歌人。代表作は『歌よみに与ふる書』。

子規庵

所在地：東京都台東区根岸2-5-11
TEL：03-3876-8218
アクセス：JR山手線・京浜東北線「鶯谷駅」徒歩5分
開庵時間：10:30〜12:00 13:00〜16:00
休館日：月曜、夏季・冬季休館期間あり
入庵料：500円(中学生以下無料)

正岡子規が1894年（明治27年）からこの世を去る1902年（明治35年）まで暮らした子規庵。実際の建物は1945年（昭和20年）の戦火で焼失しており、現在保存されているのは復元された建物だが、膝を立てて座れるように切れ込みを入れた愛用の文机や、子規の歌にたびたび登場するヘチマが植えられた庭先など、子規の暮らした当時の様子を知る貴重な空間となっている。

森《もり》鷗《おう》外《がい》

(1862年-1922年) 軍医の仕事のかたわら、文筆活動も行い、小説執筆や西洋文学の翻訳等を行った知識人。代表作は『舞姫』『山椒大夫』『高瀬舟』など

文京区立森鷗外記念館

所在地：東京都文京区千駄木1-23-4
TEL：03-3824-5511
アクセス：地下鉄千代田線「千駄木駅」徒歩5分
開館時間：10:00〜18:00
休館日：毎月第4火曜(祝日の場合は翌日)、年末年始、展示替期間
入館料：通常展300円(中学生以下無料)
特別展は展示により異なる

モダンな外観が目をひく文京区立森鷗外記念館。鷗外の生誕150年を記念し、2012年（平成24年）に、鷗外の旧居「観潮《かんちょう》楼《ろう》」跡地に開館した施設だ。

館内には、特別展や通常展で継続的に展示内容を変える展示室、映像コーナー、鷗外の著作や研究資料を閲覧できる図書室などがあり、鷗外について色々と学ぶことができる。庭園の見えるカフェもおすすめ。

武《む》者小《しゃのこう》路《じ》実《さね》篤《あつ》

(1885年-1976年) 代表作は『友情』など。雑誌『白樺』を創刊したことから白樺派と呼ばれ、共同体・新しき村の建設者としても知られる。

調布市武者小路実篤記念館

所在地：東京都調布市若葉町1-8-30
TEL：03-3326-0648
アクセス：京王線「つつじヶ丘駅」「仙川駅」徒歩10分
開館時間：9:00〜17:00
休館日：月曜(祝日の場合は翌日)、12/29〜1/3
入場料：大人200円、小・中学生100円

実篤が晩年の20年を過ごした地・実篤公園に隣接して開館。実篤にまつわる展覧会を開催している。テーマは約5週間ごとに変わり、内容は本や絵画、手紙などさまざま。また、友人・志賀直哉らとともに創刊した雑誌『白樺』にかかわる資料も充実している。実篤公園は四季折々の美しい自然に囲まれたており、実篤の旧居もある。こちらは土・日・祝日(11:00〜15:00)に内部が公開されている。

創立百二十周年を迎えるのを記念し京華学園に巨大なフレスコ画が完成

このほど完成したフレスコ壁画、「BACK TO THE FUTURE 120」（京華学園本部キャンパス入口）

京華学園は、来る2017年（平成29年）に創立百二十周年を迎えます。

京華学園には京華中学・高校、京華商業高校、京華女子中学・高校の3校が所属し、学園の建学の精神のもと、各校それぞれが個性を発揮しながら多くの生徒を育み、長い歴史を刻んできました。

京華学園は、学園創立百二十周年に向け、さらに安心・安全な教育環境の整備、多様化する社会の要請に応える教育を実現するため、施設・設備の改修充実、電子黒板、タブレットを導入し、ICT教育にも力を入れています。

男子校・女子校においては、男女別学教育の意義を確かなものとし、併設型中高一貫教育校としてのカリキュラムを推進。商業高校においては、都内唯一の共学私立商業高校として、質の高い実学教育の向上に力を尽くしています。また、3校の生徒間・教職員間の交流も盛んに行われ、3校あるからこそ生まれる、「京華」ならではの新しい魅力が創出され、その存在意義も日常的に発信されるようになっています。

創立百二十周年を機に、さらなる飛躍を遂げようとしている京華学園です。

【丹羽洋介先生】丹羽先生は1997年から文部省在外研究員としてメキシコの現代壁画とスペインの先史洞窟壁画の研究に携わるなど、以後、長年に渡り壁画研究に尽力している日本を代表するフレスコ画家です。なお、丹羽先生の作品は学園２号館（作品名「時の流れ」）と京華女子中高新館玄関（作品名「永遠の今」）にもフレスコ画が飾られています。

フレスコ画の権威が1カ月半をかけた大作

さて、創立百二十周年記念事業の一環として制作されていたフレスコ壁画が、このほど学園本部のキャンパス入口（1号館側の壁）に完成しました。

富山大学名誉教授の丹羽洋介先生によって制作され、「BACK TO THE FUTURE 120」と名づけられたこのフレスコ画は、縦2・4m、横7・5mもあります。

丹羽洋介先生

絵に向かうと、まず、学園の3校を象徴した3本の梅の大樹に気づきます。梅は花盛りとなっており、木の枝をとおして垣間見えるさまざまな情景に、それぞれの思い出が込められて描かれています。まさに、京華学園の創設から現在までの「時の流れ」が感じられる作品となりました。

作者の丹羽先生は、「満開の梅の香りの中で、学園の伝統が新たな未来へとつながっていくことに思いを込めて制作しました」と話されます。

7月中旬から、じつに1ヵ月半をかけて制作されたこの作品は、学校を訪れた方々を学園の入口で出迎えてくれています。京華学園の新たなシンボルの1つとして、学園の未来を見守ってくれるでしょう。

【フレスコ画】西洋絵画の技法の1つ。壁などの下地にしっくいを塗り、乾ききらないうちに水に溶かした顔料で描く。壁が乾くとともに、顔料がより鮮やかに定着する。ルネサンス期に盛んに描かれ、ミケランジェロやラファエロの作品が有名。

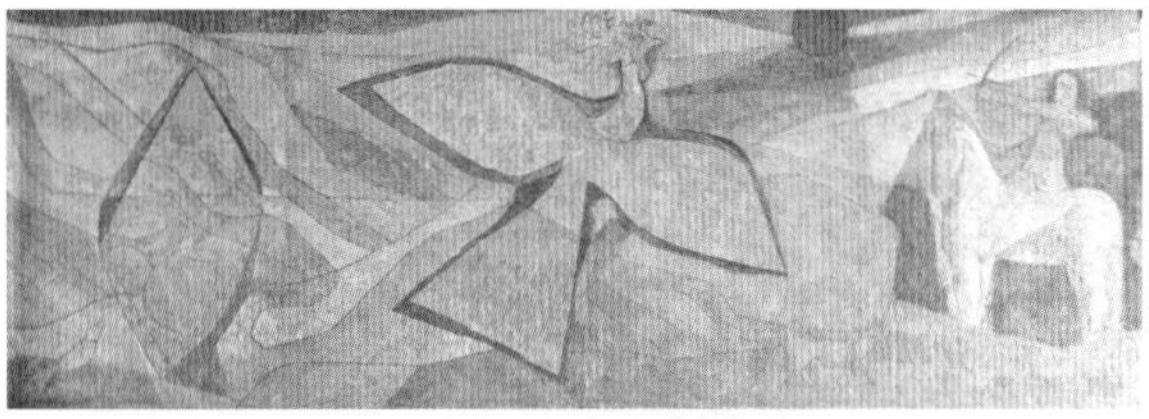

↑「時の流れ」（京華学園２号館）

←「永遠の今」（京華女子中高新館玄関）

【京華学園へのアクセス】〒112-8612 東京都文京区白山5-6-6（都営三田線「白山駅」A1出口徒歩3分、東京メトロ南北線「本駒込駅」1番出口徒歩8分、東京メトロ千代田線「千駄木駅」団子坂出口徒歩18分。見学ご希望の場合は、前もって学園広報室 電話03-3941-6493あてにご連絡ください）

東大百景
トーダイってドーダイ!?

東大の学園祭は魅力がいっぱい

VOL.9　text by ケン坊

11月は紅葉の季節です。どこか物寂しさを感じますね。さて、今回のテーマは東大の学園祭についてです。『サクセス15』10月号の特集でも取り上げたので、すでに知っている人も多いかもしれませんが、東大は珍しいことに学園祭が1年に2回あるのです。ではさっそく、それぞれについて説明していきます。

まずは、毎年5月の終わりごろに2日間にわたって行われる「五月祭」について。5月にあるので五月祭という、そのままのネーミングです。東大にはメインのキャンパスが2つあり、五月祭は、おもに3年生以上が通う本郷キャンパス（東京ドームの近くにあります）で開催されます。3年生以上が中心ということで、本格的に研究などに取り組んでいる学生が多く、さまざまな企画のなかでも研究発表のようなものがめだちます。そのため、全体的にアカデミックな雰囲気の学園祭になります。私も今年見て回ったのですが、工学部のとある研究室による手作りの電気自動車（！）が実際動くのを目の前で見ました。自分が東大生であることも忘れ「東大ってすげえ…」と感心していました（笑）。

もちろん、模擬店などもあります。1年生の多くは入学してたった1カ月半で五月祭に出店するため、友だちや先輩ときずなを深めるチャンスにもなります。私も1年生のときの五月祭では、ひたすらフランクフルトの売り子をしていました。いまとなってはとてもいい思い出です。

次に、毎年11月の勤労感謝の日の前後に3日間にわたって行われる「駒場祭」について。10月号でも詳しく紹介されていましたね。こちらは11月祭というネーミングではなく、駒場キャンパス（渋谷の近くにあります）で開催されるので駒場祭といいます。五月祭とは逆に、1・2年生が中心となるので、若々しく活気ある雰囲気になります。また、キャンパスが渋谷駅から歩いていけるほどの近さということもあり、駒場祭に行ったあと渋谷で遊ぶ、ということもできちゃいます。

さらに、さすがは東大、来場者数も伊達《だて》ではありません。昨年は、五月祭と駒場祭合わせてなんと30万人近くもの来場者数を記録しました。今年の五月祭は終わってしまいましたが、駒場祭は来る11月25日（金）～27日（日）に開催されます。コラムを読んで興味を持ったあなた、ぜひとも遊びに来てくださいね！

今月のすごい東大生

東大の大学院を中退し韓国に飛んだマッチョ仲間

今回は番外編です。というのも、紹介するKさんは、すでに東大生ではなくなってしまったのです！

Kさんは私の部活動の先輩の友人で、その先輩と東大のジムで筋トレしているときに出会いました。言うなればマッチョ仲間です。当時の彼は東大の大学院生でしたが、「大学院で勉強する意味なんかない、いますぐ辞めて広い世界に飛び出したい」と、半年ほど前に突然中退して就職。入社とともに海外出張が決まり、現在は韓国でバリバリ働いています。幸運なことに滞在中のホテルに本格的なジムが併設されていて、社会人になっても日々筋トレに励んでいるよう。たまにマッチョ写真がラインにアップされると、負けていられないなとヒヤヒヤさせられます（笑）。

多くの人が憧れる東大というレールからあえて外れ、自分の道を選んだKさん。「自分で考え抜き決定した道を迷いなく突き進んでほしい」ということをみなさんに伝えたかったので、今回は彼の紹介をしました。私もいつか彼のように思いきった決断ができる人になりたいものです。

Move on プロジェクト 始動!!

十文字高等学校

所在地	〒170-0004 東京都豊島区北大塚1-10-33	TEL	03-3918-0511	女子校

1922年（大正11年）の創立以来、建学の精神を今に受け継ぎながら、社会で活躍できる女性を育んできた十文字高等学校。2016年4月より、「Move on プロジェクト」が始動し、グローバル社会で活躍できるリーダーを育成するための新たな教育改革がスタートしました。

「Move on プロジェクト」の3つの柱

横尾康治教頭先生

「本校は、『身をきたへ　心きたへて世の中の　たちてかひある　人と生きなむ』の建学の精神のもと、心身ともに鍛え、社会に貢献する女性を育成するためのキャリア教育に力をいれてきた学校です。7年前にスーパー特選クラスを導入し、大学合格実績等でも一定の成果をあげています。しかし、これからの変化の激しいグローバル化社会の進展に、今の教育内容だけで十分な対応ができるだろうかと考えた時、その時代に対応するための新たな教育改革の必要性を痛感し、このプロジェクトを立ち上げました。コンセプトは、クリエイティブな発想力を伸ばすこと、そして価値観の違う相手とも共存しあえる人間関係を構築できる人の育成です。その力があれば、AI（人口知能）がどんなに進化しても、それを超える優れた創造性を発揮できるリーダーとなれるはずです。生徒たちには、『優しくあれ　強くあれ　そして人と人とをつなぐ人になれ』というメッセージを発信し、学園全体でこのプロジェクトを推し進めています」と語るのは、高校教頭の横尾康治先生。「2年後の目標は、国公立大に50名超、GMARCHに200名超の合格者を出すことです」と真剣な眼差しで話してくれました。

次に、このMove onプロジェクトの3つの柱をご紹介します。

Move on プロジェクト ❶ 〜教育プログラムの刷新〜

今年度、特に力を入れているのが「キャリアプログラム」の充実です。放課後に行われるこのキャリアプログラムは、様々な分野の専門家や卒業生の話を聞くだけでなく、理化学研究所や大学の研究室と提携し積極的に生徒を引率し、知的好奇心を刺激しながら可能性を広げる機会を設けています。さらにフジテレビと共同で報道番組を制作したり、ダイソンのサイクロン掃除機の分解組立ワークショップを開催したりと生徒自身の内発的動機付けやクリエイティブな発想力を伸ばすことを目的とした体験型のプログラムが数多く導入されているのも特徴のひとつです。また、難関国公立大学希望者を対象とした英数国の放課後講座（90分）に加え、中国語講座も今年度から開講されており、今後新しい講座が順次導入される予定です。

Move on プロジェクト ❷ 〜「DDPからCCPへ」〜

十文字高校では、10年前からディスカッション（D）、ディベート（D）、プレゼンテーション（P）を積極的に取り入れたアクティブラーニングを行っており、ロジカルシンキング（論理的思考力）を身につけるために必要な発信力・情報収集力・表現力

を教科の垣根を越えて、体系的に学習してきました。

今年度からはこのプログラムをさらに深化させ、伝えあうためのコミユニケーション力（C）と多くの人の考えをつなぐコーディネート力（C）を身につけ、しなやかなパートナーシップ（P）を築くことができる女性を育成するためのCCPプログラムを実践しています。その具体的な取り組みのひとつがICTの活用です。グローバル社会ではICTを利用した協働作業や情報発信能力が必須と考え、すべての教科で電子黒板を活用した授業を展開しています。特に理科では、iPadを導入したCCPプログラムを段階的に実施することで、社会に出てからも通用するICT活用能力を養っています。

Move on プロジェクト ③ ～理数教育の充実～

近年、十文字高校の理系学部への進学者が増加傾向にあり、2016年は全体の約3割の生徒が、医薬系を始め、理工・獣医・水産・農学部などに進学しています。これをうけて理数教育のさらなる充実を図るため、ICTを活用したCCPプログラムを始めとした様々な取り組みを始めています。その中でもユニークな取り組みが、理科実験棟の共有スペースにつくられた「サイエンスパーク」です。

この施設には、生徒が作った元素の周期表や遺伝子模型が展示され、ロボットや顕微鏡などは本物が置かれています。放課後や休み時間になると多くの生徒が集まり、楽しそうに顕微鏡をのぞいたり、ロボットを自由に操作したりと思い思いに知的好奇心を満たしています。

また、今年度の注目される取り組みが東北大学主催の「人材育成コンソーシアム推進協議会」への参画です。科学者を目指す高校生対象に開催される「飛翔型科学者の卵養成講座」に高校1年生が1名、今秋から参加するなど先進的な取り組みも行われています。

3年間授業料免除の特待生制度が始まる！

十文字高校は、Move on プロジェクトで掲げる「グローバル社会で活躍できるリーダーの育成」を実現するため、来年度（2017年度）入試から、入学試験の成績等が特に優れた者に対して、現状の特待制度に加え、入学金及び入学時施設費と授業料3年分全額免除の新たな特待生制度を導入します。さらに新たな優遇措置として、生徒会長、生徒会副会長、クラブ部長の経験がある者に対しても、内申点に一定の加点優遇を実施し、より受験しやすい体制を整えます。

また、十文字高校の入試は、受験生のニーズや適性に合わせたクラス選択（スーパー特選クラス・選抜クラス・進学クラス）が可能で、試験当日の得点によっては上位クラスにも入学可能な入試制度となっています。先にご紹介した新たな特待生制度や入試制度の詳しい内容については、入試説明会や個別相談で確かめることができますので、ぜひ参加してみてください。

ご紹介した内容以外にも、様々な教育改革を推し進める十文字高校。今後の進展が楽しみな学校です。

学校説明会（予約不要）

11月26日 土 14:00～15:45

12月10日 土 14:00～15:45

個別相談会（予約不要）

12月23日 金 祝 10:00～16:00

1月 7日 土 10:00～16:00

渋谷教育学園幕張高等学校

SHIBUYA KYOIKU GAKUEN MAKUHARI Senior High School

千葉県　千葉市　共学校

「自調自考」の精神を根幹とし 21世紀を支える人材を養成する

国公立大学・難関私立大学への合格実績を伸ばし続ける渋谷教育学園幕張高等学校。とくに東京大合格者数は飛躍的に伸びています。国際理解教育にも定評があり、近年では海外の大学への進学者も増え、2014年(平成26年) にはSGH(スーパーグローバルハイスクール) にも指定された注目校です。

田村《たむら》 聡明《としあき》 副校長先生

「自調自考」を掲げ 高度な人材を育成する

渋谷教育学園幕張高等学校(以下、渋谷教育学園幕張) は、千葉県の幕張新都心に、1983年 (昭和58年) に創立されました。

幕張新都心の文教施設が集まる一角・「学園のまち」に、高度な人材の育成をめざす男女共学の私立学校として作られ、1986年 (昭和61年) には中学校が開校し、中高一貫教育がスタートしました。

渋谷教育学園幕張の建学の精神は「自調自考」。これは、「自らの手で調べ、自らの頭で考える」ことを意

部活動

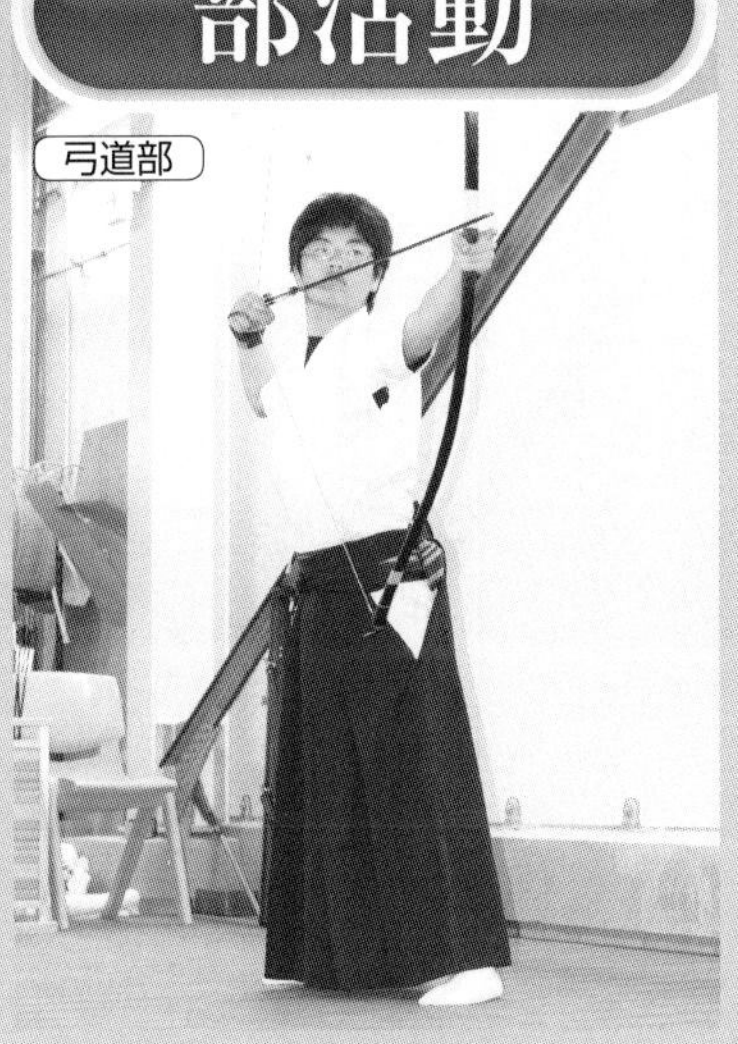

渋谷教育学園幕張では、部活動も盛んです。体育系、文科系問わず熱心に活動し、それぞれの個性を伸ばしています。

味し、3つの教育目標の1つ目である「自調自考の力を伸ばす」としても掲げられています。なにごとも諦めず、積極的に取り組むことのできる人物を目標とする言葉です。

2つ目は「倫理感を正しく育てる」こと。他者を尊重し、知識だけではなく行動に示せること、正しさをしっかりと判断できる「感性」の成長をめざすことです。

そして3つ目は「国際人としての資質を養う」こと。多彩な国際教育プログラムや、帰国生・留学生の受け入れなど、国際的に開かれた環境を活かし、国際人として必要な幅広い教養を身につけていきます。

田村聡明副校長先生は「本校が掲げる建学の精神や教育目標は、21世紀に生きる若者を、地球社会で活躍できる人材に育成することをめざして作られています」と話されました。

高入生に配慮した 独自の教材とシラバス

渋谷教育学園幕張には、中学校から進学してくる中入生と、高校入試を受験して入学する高入生がいます。高1のときには、中入生（8クラス）と高入生（2クラス）は別クラス編成になります。それは、中入生が中学校で高校の内容を先取り学習しているからです。高入生は高1の1年間を「高入生のための教材」で学び、高2から中入生といっしょのクラス編成となります。

カリキュラムは、高2で文系・理系のコースに分かれます。高3では文系・理系それぞれに任意選択の科目が用意され、自分の進路方向によって科目を選んでいきます。

「高2で文理に分けますが、どちらも全教科を学ぶことで基礎的な教養が身につくように配慮をしています。高入生の場合、高2で進度が異なる教科においては『取り出し授業』を行っています。また本校では『おいてきぼりを作らない』という方針で、理解に不足がみられる場合は、放課後などに補習を行う場合もあります。」（田村副校長先生）

渋谷教育学園幕張といえば、充実したシラバスも有名です。各教科で学ぶ内容、学習の狙いや留意点、授業の進め方などが詳しく掲載されています。シラバスを確認することで、生徒は自分がどのように学んでいけばよいのかを把握できます。

「教員もシラバスによって担当教科以外の進度や内容を知ることができます。それにより、教科間で連携を図り、生徒の関心を高める授業展開が可能となります。本校の生徒は、受験に関係のない科目でも積極的に学ぶスタイルが一般的になっています。」（田村副校長先生）

2年以上かけて完成する「自調自考論文」

渋谷教育学園幕張が最も大切にする「自調自考」の精神が活かされる象徴的な取り組みが、「自調自考論文」です。

1年次に自分でテーマを設定し、担当教員の指導のもと、2年以上かけて取り組む卒業論文です。テーマに関する文献にあたるなど、調査研究の素養が身につきます。

完成した論文は、全員の要旨を載

せた『論文要旨集』と、優秀な論文を集めた『論文優秀作品集』の2冊にまとめられます。

「テーマの専門性が高い場合、外部の講師や大学の教授に指導を受けるケースもあります。また、自調自考論文で扱ったテーマを将来の研究課題にしたいと考える生徒もいます。例えば、ブラックホールをテーマにした生徒は、現在も研究を続け、ドイツで研究者として活躍しています。本校は2013年（平成25年）に新校舎のメモリアルタワーが完成し、図書館やPC関連教室が拡充されました。図書館には約6万冊の蔵書があります。こうした環境を活用して、論文の作成に励んでもらっています。」（田村副校長先生）

さまざまなプログラムを展開する国際理解教育

国際理解教育が充実しているのも、渋谷教育学園幕張の特色です。多彩なプログラムからいくつかをご紹介しましょう。

まずは、希望者を対象に開かれている第2外国語講座です。中国語、フランス語、スペイン語、ドイツ語、ハングルの講座があります。

高2では、日本文化の源流をみるということで中国での修学旅行があります。北京と西安を回る内容で、北京では姉妹校を訪問し、学校間交流も行われています。

短期海外研修は、高1・高2の希望者が対象です。アメリカ、イギリス、ベトナムなど5カ国で実施されています。長期のものは、交換留学制度があります。こちらも希望者を対象に、英語圏を中心に実施。留学先で取得した単位は、高校の単位に認定されます。

また、渋谷教育学園幕張は、ハーバード大卒業生会のハーバードクラブが高校の成績優秀者に賞を贈る、ハーバード・ブック・プライズの対象校になっています。毎年高2の修了式に表彰を受けています。

田村副校長先生は「2014年にスーパーグローバルハイスクール（SGH）に指定されました。本校がこれまで国際理解教育に取り組んできた実績をふまえ、SGHとしての新しいプログラムも展開しています」と話されました。

万全の進路指導体制 海外大進学もサポート

進路指導は、綿密な計画のもとで行われています。「進路ガイダンス

学校生活

日々の授業や部活動、行事など、渋谷教育学園幕張での学校生活のすべてを通して「自調自考」の精神が育まれていきます。

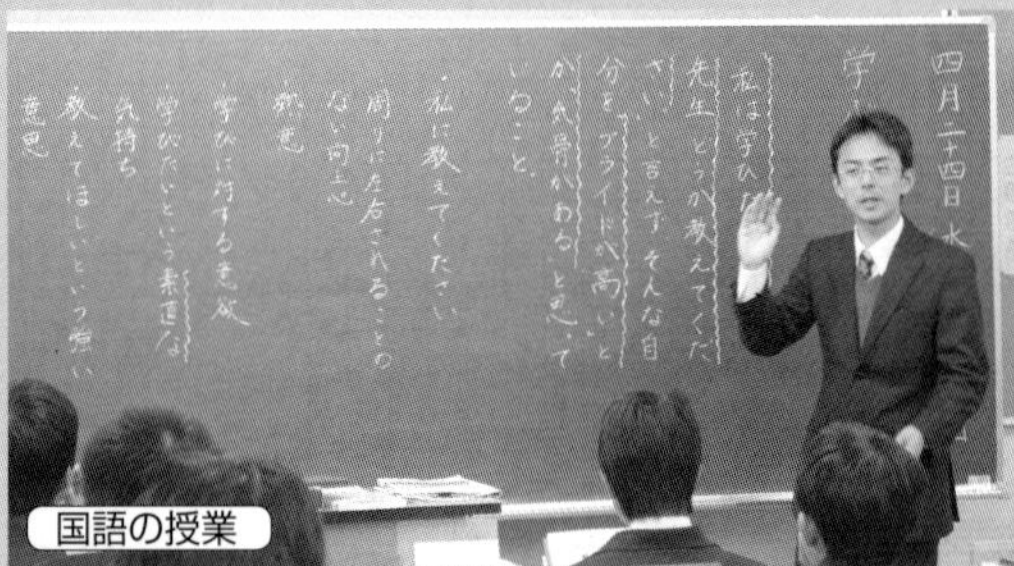
国語の授業

マルチメディア教室での授業

スポーツフェスティバル

昼食風景（カフェテリア）

数学の授業

スペイン語講座

施設

第2啓発室

コンピュータ室

ICTセミナー室

図書館

第1グラウンド

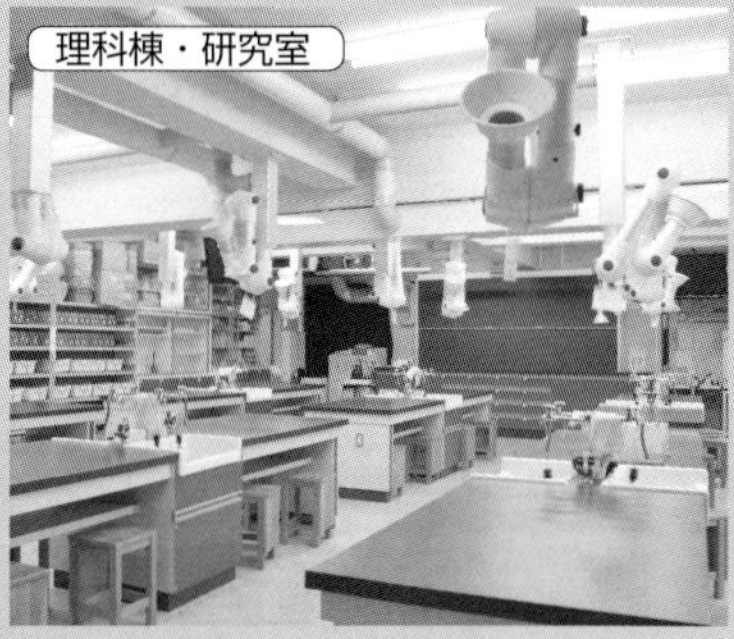
理科棟・研究室

2013年（平成25年）に完成した新校舎をはじめ、理科関連施設の集まる理科棟、1100人収容可能な講堂、さまざまな体育設備など、学校施設の充実にも注目です。

α」（1年次）、「進路ガイダンスβ」（2年次）、「進学要覧」（3年次）が配られ、学年に合わせた情報が提供されます。

定期的に行われる模試の結果などは、生徒個人の成績カルテとしてまとめられ、1人ひとりの学習状況を把握するデータとして進路指導に活かされていきます。

海外の大学への進学を希望する生徒へ向けたサポートが充実しているのも特徴です。

海外大学相談会や海外大学説明会の実施や、常駐する海外大学進学カウンセラーに相談できるなど、海外の大学を志望する生徒が増えている渋谷教育学園幕張ならではの体制が整っています。

最後に、どのような生徒に入学してほしいか、田村副校長先生にお聞きしました。

「放課後に、難関大受験に向けた論述対策講習を実施したり、志望校に特化した夏期講習・冬期講習を行うなど、さまざまな形で大学受験に向けた支援を行っています。こういった本校の手厚いサポートが、東京大をはじめ、多くの難関大への合格実績を出している理由の1つだと思います。

生徒は、それぞれの夢を実現するために、多様な進路を選択しています。海外の大学へ進学する生徒が多いのも、そうした本校の特色の表れでしょう。

本校では、中入生と高入生が、お互いのよさを発揮しながら高校生活を送っています。自分のやりたいものを見つけてチャレンジできる生徒さんを待っています。」（田村副校長先生）

2016年度(平成28年度)大学合格実績

大学名	合格者	大学名	合格者
国公立大学		私立大学	
北海道大	6	早稲田大	220
東北大	6	慶應義塾大	138
千葉大	26	上智大	27
筑波大	14	東京理科大	89
東京大	76	その他私立大	301
東京医科歯科大	4	計	775
東京工大	18	医学部医学科	
東京外大	2	東京大(理科Ⅲ類)	3
東京藝術大	1	千葉大	7
一橋大	25	慶應義塾大	4
京都大	5	順天堂大	17
その他国公立大	44	その他医学部医学科	71
計	227	計	102

School Data

所在地　千葉県千葉市美浜区若葉1-3

アクセス　JR京葉線「海浜幕張駅」徒歩10分、京成線「京成幕張駅」徒歩14分、JR総武線「幕張駅」徒歩16分

生徒数　男子767名、女子321名

TEL　043-271-1221

URL　http://www.shibumaku.jp/

3学期制　週6日制　月曜～金曜6時限、土曜4時限　50分授業　1学年10クラス　1クラス約40名

School Navi No.243

千葉県　柏市　共学校

芝浦工業大学柏《しばうらこうぎょうだいがくかしわ》高等学校

School Data

所在地	千葉県柏市増尾700
生徒数	男子596名、女子261名
TEL	04-7174-3100
URL	http://www.ka.shibaura-it.ac.jp/
アクセス	東武野田線「柏駅」スクールバス、東武野田線「新柏駅」徒歩25分またはスクールバス

「ミライを切り拓くチカラ」

建学の精神に「創造性の開発と個性の発揮」を掲げる芝浦工業大学柏高等学校（以下、芝浦工大柏）。日々変化する社会を生き抜くために「自らの頭で考え、主体的にミライを切り拓くチカラ」を持った生徒を育てています。

2つのクラスが誕生 主体性を育む教育

芝浦工大柏では、2015年度（平成27年度）より、「グローバル・サイエンスクラス」と「ジェネラルラーニングクラス」に分かれて学ぶ新体制がスタートしました。

「グローバル・サイエンスクラス」は最難関国公立大、「ジェネラルラーニングクラス」は国公立大、難関私立大をめざします。どちらも高2から文系・理系に分かれさらに学びを深めていくことができます。

教育の柱となるのは、グローバル教育とサイエンス教育です。

グローバル教育では、全員参加のオーストラリア研修、世界中の中高生が参加するWebコンテストへの挑戦、英語で学術的な論文を書く授業などが行われています。

サイエンス教育としては、芝浦工大との高大連携プログラム、遺伝子組み換え実験やタンパク質分析など、最先端の実験を行う「芝浦サイエンス」が魅力です。

また、芝浦工大柏の教育の特徴として、生徒が主体的に学校生活を送るための取り組みがあげられます。始業や終業を告げるチャイムは鳴らず、日々の予定は個々に手帳で管理します。さらに独自の「目標達成シート」を活用し、2週間ごとに目標を定め、その目標に向けて生徒自身が学習計画を立てていきます。

ほかにも、自ら学ぶ姿勢を育てるために、家庭学習や授業の受け方について学ぶ「自学自習研修」や、Web上の教材を使って家で学び、授業でその内容についての理解を深める「反転学習」が実施されています。

こうした教育により、生徒たちは学力だけでなく、判断力や行動力、リーダーシップを身につけていくことができるのです。

施設面でも改革が進められ、多目的コート、テニスコートなどが新設、カフェテリアのメニューもリニューアルされました。

さらに充実した教育体制のもと、芝浦工業大学柏高等学校は、これからも「ミライを切り拓く人」を育成していくことでしょう。

School Navi No.244

埼玉県　北足立郡　共学校

栄北《さかえきた》高等学校

School Data

所在地	埼玉県北足立郡伊奈町小室1123
生徒数	男子648名、女子367名
TEL	048-723-7711
URL	http://www.sakaekita.ed.jp/hp2011/top/indexsakaekita00.html
アクセス	埼玉新都市交通伊奈線ニューシャトル「丸山駅」徒歩3分、JR高崎線「上尾駅」、JR宇都宮線「蓮田駅バス」

3つの柱で未来で輝く力を伸ばす

栄北高等学校（以下、栄北）の建学の精神は「人間是宝《にんげんこれたから》」、校訓は「今《こん》日《にち》学《まな》べ」です。栄北では、1人ひとりが宝の原石であり、自ら進んで色々なことに挑戦し、学びを深めていくことで、自分自身を輝かせていこう、という教えが受け継がれています。そして、その教えをもとに、『自ら学び、自ら磨き、自ら輝け!!』をモットーとして掲げています。

コースは4つに分かれています。国公立大、早慶上理などの最難関大学をめざす「特類選抜」、MARCHなどの難関大学をめざす「特類」では、ハイレベルな演習授業を中心に、実践力を培っていきます。一方、「Ⅱ類」と「Ⅰ類」は部活動との両立を図りながら、有名私立大学への進学をめざしていきます。

大学入試改革を見据え教育体制を一新

2020年（平成32年）の大学入試改革を見据え、栄北でも教育改革を行いました。生徒が「行ける大学」ではなく「行きたい大学」へ進学できるような体制を整えたのです。その柱となるのが次の3つです。

1つ目の柱は「アクティブ・ラーニング」です。これからの時代は、知識や技能に加えて、思考力や判断力、表現力が重要視されます。日々の授業で「アクティブ・ラーニング」を取り入れることで、それらの力を身につけていきます。

2つ目の柱は「キャリア教育」です。地域の観光協会や役場と連携して、イベントの運営ボランティアや町の魅力をアピールする広報活動などを行うとともに、校内でも選挙学習として、模擬選挙を実施。主体的に社会とかかわる姿勢を育みます。

3つ目の柱、「基礎学力の向上」のためには、学習手帳「フォーサイト」を導入しました。これにより、計画→実行→振り返りの習慣が自然と定着するようになりました。

また、SKYシステム（Sakaekita Yume system）という独自のウェブシステムも用意されています。個人の専用ページにアクセスすると、定期試験や模試の成績がひと目でわかるほか、教員が用意した学習教材を自由にダウンロードできたり、週に1回『栄北通信』が配信されたりと、充実した内容になっています。

ほかにもチャイムのない生活で時間管理能力を育てるなど、学校生活のさまざまな場面で社会に出てから役立つ力を養う栄北高等学校です。

埼玉県　公立　女子校

埼玉県立川《かわ》越《ごえ》女《じょ》子《し》高等学校

Saitama Prefectural Kawagoe Girls' Senior High School

FOCUS ON

「学力の向上」と「人格の陶冶」を柱に 個性を伸ばす多様な学びを展開

正門前にあるみごとな桜並木と趣ある明治記念館が伝統校の歴史を感じさせる埼玉県立川越女子高等学校。自学自習が習慣化し、先輩から後輩へと学びの姿勢が受け継がれています。多彩なSSHプログラム、新聞を活用した授業展開にも注目が集まり、伝統校が新しい歴史を刻み始めています。

高杉《たかすぎ》 雅章《まさあき》 校長先生

School Data

所在地
埼玉県川越市六軒町1-23

TEL
049-222-3511

アクセス
東武東上線「川越市駅」徒歩5分、西武新宿線「本川越駅」徒歩8分

生徒数
女子のみ1139名

URL
http://www.kawagoejoshi-h.spec.ed.jp/

- 2学期制
- 週5日制（土曜は隔週授業）
- 月～金5時限、土曜3時限
- 65分授業
- 1学年9クラス
- 1クラス約40名

先輩から後輩へ受け継がれる文化

東武東上線川越市駅からほど近いところに立地する埼玉県立川越女子高等学校（以下、川越女子）。そのはじまりは１９０６年（明治39年）に設立された川越町立川越高等女学校です。１９１１年（明治44年）、県立に移管されて現在地に移り、埼玉県立川越高等女学校と改称されました。その後１９４８年（昭和23年）の学制改革により、現在の埼玉県立川越女子高等学校となりました。

「学力の向上」と「人格の陶冶《とうや》」を教育の柱として、社会に貢献できる生徒を育てています。その教育の特色は「伝統と革新」「自主・自律の精神に満ちた、自立した人間の育成」「学習と特別活動の両立」です。

高杉雅章校長先生は「本校には、先輩の後ろ姿を見て後輩が育っていくという文化があります。先輩たちは卒業してからもよく学校を訪れ、後輩たちに刺激を与えてくれています。母校愛が強い卒業生が多く、3代、4代と続けて本校に通ってくれるご家庭もあるほどです。

普段生徒たちによく話しているのは、『まずは本気になること、そしてチャレンジしなさい』ということです。県内のさまざまな地域から集まった仲間とともに、お互いのよさを高めあい、自分のよさも発見していく。多彩な学びのなかで自分を進化させ、将来、世の中で中心的な役割を担っていく人材に育ってほしいと思います」と話されます。

自学自習力を育み学力向上を図る

カリキュラムは、2年次までは一部の選択科目を除き共通履修で、3年次にA類型（文系）とB類型（理系）に分かれます。各類型のなかでは個々の進路希望に沿った科目選択ができるように配慮されています。

日々の指導の特徴は、生徒の自学自習力を育てている点です。

その取り組みの1つが「朝自習」です。朝の授業が始まる前に、全生徒が国語・数学・英語を中心に、自ら課題を決め自習に取り組みます。

また、1年次と2年次には、1日10時間半以上の自学自習を行う3日間の集中学習も実施されます。朝自習と同様に、個々に課題を決め学習を進めます。希望者が対象ですが、毎年多くの生徒が参加しています。

こうした取り組みを通じて自学自習力が育ち、休み時間や放課後にも積極的に自学自習する姿が見られる

のが川越女子です。自学自習するスペースとしては自習室や図書館がありますが、人気なのは長机が置かれた渡り廊下です。

「本校は授業を第一に、きめ細かく指導しています。しかし、生徒にただ知識を与えるだけではだめで、生徒たちを伸ばすには、彼女たちの自学

施設

正門前の桜並木やベンチが置かれた中庭など、女子校らしい落ち着いた雰囲気が感じられるキャンパスです。校内にある「明治記念館」は明治時代に建てられた校舎で、川越市の文化財に登録されています。

中庭

正門前の桜並木

明治記念館・外観

明治記念館・和室

自習力がポイントとなります。そのために、生徒自身が調べ考え発表したり討論したりする機会を多く設けています。」（高杉校長先生）

川越女子の特徴的な取り組みに「NIE（Newspaper In Education）」があります。朝日・毎日・読売・産経の各新聞が毎日全クラスに1部ずつ配られ、どの記事に着目したか、記事に対する意見などを話しあい、発表するなどの取り組みです。

「生徒たちは大きな記事だけでなく、待機児童の問題など、女性ならではの視点で記事に興味を持つので私も勉強になります。」（高杉校長先生）

また、英語教育にも力を入れており、アメリカで現役の中学校教員を務めたマリー・フレー先生がALT（Assistant Language Teacher）として、日本人教員とともに授業を担当しています。「ALTが継続配置されていることで英語教育に効果があるだけでなく、欧米の文化や教育についても知ることができるので、生徒の視野が広がります。英語でプレゼンテーションやディベートなどを行っており、生徒たちは積極的に取り組んでいます。今後はディスカッションやアメリカの生徒たちと文通やメールのやりとりをしたいと考えています」と高杉校長先生。

SSH

SSH課題研究発表会

校内課題研究発表会

SSH指定校として、全員が取り組めるプログラムを用意するとともに、3年間研究活動を行うSSHクラスも設けています。「ヌマエビ」についてなど、興味深い研究が行われています。

学校生活

修学旅行

渡り廊下での自習風景

スポーツ大会

新入生歓迎会

集中学習

「学力の向上」と「人格の陶冶」を教育の柱とする川越女子。1日10時間半以上の自習を行う集中学習などで学力の向上を図り、多彩な行事で豊かな人間性を育てています。

SSHクラスを設置 多様な連携プログラム

川越女子は、２００６年（平成18年）からスーパーサイエンスハイスクール（ＳＳＨ）に指定され、「次代の女性科学者の育成」「科学的素養を身につけた女性の育成」に力を入れてきました。

全員がＳＳＨに取り組めるよう、さまざまなプログラムが用意されていますが、３年間を通じて研究活動に取り組むＳＳＨクラスが普通クラスとは別に１クラス編成されます。

ＳＳＨクラスには「ＳＳＧ１」と「ＳＳＧ２」の２つのタイプの生徒がいます。「ＳＳＧ１」の生徒は自ら研究課題を設定し、全国発表をめざし研究を進めます。「ＳＳＧ２」の生徒は授業のなかで与えられた課題を研究し、校内発表を行います。

研究活動以外のプログラムとしては、早稲田大やお茶の水女子大などと連携した研究室体験、ノーベル物理学賞を受賞した梶田隆章先生による講演会、オーストラリアのケンモア高校との国際交流、他のＳＳＨ指定校との交流会などがあります。

その一方で、県立川越高などと連携して、生徒が先生となって地元の小中学生に科学の楽しみを教える科学教室などもSSHプログラムの一環として実施されています。

「生徒たちは積極的に活動していて、その成果が認められ、東京理科大の大学院生といっしょにドイツの大学で学んだり、また東北大の大学院で毎月勉強させてもらっている生徒もいます。普通クラスの生徒が参加できるプログラムもたくさんあります。」（高杉校長先生）

全教員一丸となったきめ細かい進路指導

丁寧な進路指導も魅力です。早朝や長期休みの進学補習、「職業研究」や「学部学科研究」といったプログラム、卒業生による「進路懇談会」や「進学懇談会」などがあります。そして進路実現に向けたアドバイスや情報が載せられた『学習と進路のしおり（上下巻）』も配られます。

「進路指導では、全教員が一丸となって生徒をサポートしています。この生徒の小論文指導はこの教員、面接指導はこの教員と担当を決め、1人ひとりをきめ細かく指導します。各学年の保護者のみなさんにも計画的に『保護者のための進路勉強会』を開催し、好評を得ています。毎回約9割の方が参加されるので、保護者の意識の高さを感じます」と高杉校長先生。

体育祭は、競技に加え、応援団とチア団による応援合戦が見どころです。紫苑祭《しおんさい》は、毎年テーマを決めて行っており、今年度は「20世紀」でした。来場者数は1万人を超えています。

歴史と伝統を受け継ぐとともに、新たな取り組みを行い、教育を進化させる埼玉県立川越女子高等学校。最後に高杉校長先生は「生徒は何事にも一生懸命で、その精神は『川女魂』と呼ばれています。入学したら周りの生徒や先輩からも多くのことを学べるでしょう。伝統ある学校ですが、新たなことにも取り組んでいます。国際交流にも力を入れており、県や国のプログラムを通じて海外の大学や海外ボランティアに生徒を派遣しています。校内、そして校外に多様な学びの機会を用意している学校です。個性を磨き、自分を高めたいという積極的な意欲のある生徒さんをお待ちしています」と話されました。

2016年度（平成28年度）大学合格実績 （ ）内は既卒

大学名	合格者	大学名	合格者
国公立大学		私立大学	
東北大	3(2)	早稲田大	61(8)
筑波大	2(0)	慶應義塾大	7(2)
一橋大	2(0)	上智大	13(3)
東京外大	4(0)	東京理科大	26(11)
東京学芸大	6(0)	青山学院大	14(1)
東京農工大	8(1)	中央大	35(12)
お茶の水女子大	11(1)	法政大	88(23)
千葉大	4(2)	明治大	77(14)
埼玉大	26(5)	立教大	104(16)
京都大	2(2)	学習院大	32(5)
大阪大	1(0)	国際基督教大	2(0)
その他国公立大	48(11)	その他私立大	833(140)
計	117(24)	計	1292(235)

知性　進取　誠意
限りない前進
国公立合格者数87名 過去最高!!
国公立・早慶上理・GMARCH 合格者数 647名 過去最高!!

入試説明会　（予約不要）

③11月 6日(日)　10:00～

④11月19日(土)　14:00～

⑤11月26日(土)　14:00～

※上履きと筆記用具をご持参ください。
※開始30分前より学校紹介ビデオを流します。
※説明会後、ご希望の方に個別相談も行っています。
※個別相談の整理券は説明会開始前に配布いたします。
※**12月3日(土)** 14：00～、個別相談だけを行います。

平成29年度　入試予定

	推薦入試		一般入試	
募集人員	男女150名		男女270名	
コース	特進コース（30名）	進学コース（120名）	特進コース（50名）	進学コース（220名）
試験日	1月23日(月)		2月10日(金)	
選抜方法	推薦書・調査書・作文・面接		調査書・学科試験（国・数・英） 必要と認められる者のみ診断書 面接（第一志望者）	

錦城高等学校 男女共学

〒187-0001 東京都小平市大沼町5-3-7 TEL 042-341-0741
http://www.kinjo-highschool.ed.jp/

教えてマナビー先生！

世界の先端技術

pick up!!

三輪バイク

▶マナビー先生 プロフィール

日本の某大学院を卒業後、海外で研究者として働いていたが、和食が恋しくなり帰国。しかし科学に関する本を読んでいると食事をすることすら忘れてしまうという、自他ともに認める“科学オタク”。

前の車輪が２つあることで操作性、安全性が格段に向上

小さいころ三輪車に乗った人は多いのではないだろうか。公園に三輪車で遊びに行ったことが楽しい記憶とともによみがえってこないかな。三輪車なら、転ぶことはほとんどなくて、子どもにとっては、とても安全な乗りものだったね。

さて、今回紹介するのはバイクの三輪車だ。

バイクって二輪じゃないの？ と思わず突っ込みたくなるよね。

右の写真を見たって二輪じゃないかって？　ちょっと待って、よく見ると前輪が２つあるよ。そう、三輪車なんだ。

このバイクは、日本のヤマハ発動機が作った。バイクとしては、発想が全然違う新しい三輪車だ。

小さいころに乗った三輪車と一番違う点は、後ろではなくて、前の車輪がふたつあること。

その利点はなんだろう。

一般のバイクでは角を曲がるとき、バイク全体を傾けて走行するんだけれど、じつは傾けることで、スリップすることも多かった。

そこで、前の車輪を１つ増やしてみた。すると、地面との接触点が多くなって、スリップするリスクは減った。だけど問題も出てきたんだ。車輪を増やすと、カーブを曲がるときに、大きく傾けて走ることができなくなった。

次の一手として、技術者たちはバイク自体を傾けるのでなく、車輪の方を傾けるという発想転換をしたんだ。それも前輪それぞれが独立して傾く機構を開発してしまった。この機構は、LMW（リーニング・マルチ・ホイール）と名づけられ、道路の凸凹に合わせて、前の二輪がそれぞれ動き、路面をしっかりとつかんでくれるため横ブレも少ない。

前の車輪が２つあって、操作性、安全性が格段に向上した三輪のバイク「トリシティ」（ヤマハ発動機ホームページより）

濡れたマンホールのフタのような、一般の二輪車では滑りやすい状況でも安心して走ることができ、前の車輪が増え、それぞれの車輪にブレーキが装備されることで、ブレーキもしっかりと働くようになった。少々の横風にもふらつきの少ないバイクになったんだ。

このバイク、TRICITY（トリシティ）と名づけられて発売され、大人気となっている。スタイルを見ても、いままでにない前輪２つのバイクは、町で走っているとよくめだつ。バイクの爽快さにプラスして、三輪車にすることで操作性も安全性も向上させたんだね。大きくなって免許が取れるようになったら、こんな車でツーリングに出かけてみたいね。

志望校の過去問で戦略を立て模試でシミュレーションを

入試本番まであと2～3カ月。
徐々に、ラストスパートに向けてエンジンをかけなくてはならない時期です。
これまでより少し意識を高め、
模擬試験も過去問もさらにうまく活用していきましょう。
今回は、そのためのヒントを提供します。

和田式教育的指導

残りあと2～3カ月という意識を持つ

過去2回の連載で、模擬試験との向き合い方についてお話ししました。いずれにしても大切なのは、模試の内容や結果を「情報源」として、自分が置かれている状況や、自分にいまある課題を知ることです。みなさんは、実行できているでしょうか。

これから入試本番までの残り2～3カ月も、考え方としては同じです。模試を受けるときは、その結果から自分の課題を知り、それを1つひとつクリアしていくことで合格に近づけていきます。

ただ、前回・前々回と違うのは、もうある程度勉強をやってきたうえでのチャレンジになるということです。そこは意識しておかなくてはなりません。

模試は入試本番のシミュレーション

これから先、模試を受ける意味は大きく分けて2つあります。

まず1つ目は、これまでと同様、自分に残っている課題を見つけるということです。そのうえで、残りあと2～3カ月間で課題をクリアするためになにができるか、なにをすべきかを考え、計画的に勉強を続け、入試本番までに合格ラインをめざせるよう、進めていきましょう。

2つ目は、入試本番そのもののシミュレーションを行うということです。ある程度の学力が身についている科目については、これから新しい課題を見つけるというより、こちらの意味が大きくなるでしょう。

どんなことをシミュレーションするかというと、例えば、どういった順番で問題を解けばやりやすいか、どんな時間配分で試験を進めれば全問手をつけることができるか、などです。

本番さながらの緊張感で受ける模試は、何度も受験することで、「英語なら、長文問題より文法問題から解く方が得意」、「数学なら、思いきって1問捨てる覚悟でやった方が集中できる」など、自分なりの戦略がいくつか立てられるはず。模試では、こうした戦略を実際に試し、実証してみることもできます。

和田秀樹

1960年大阪府生まれ。東京大学医学部卒、東京大学医学部附属病院精神神経科助手、アメリカのカールメニンガー精神医学校国際フェローを経て、現在は川崎幸病院精神科顧問、国際医療福祉大学大学院教授、緑鐵受験指導ゼミナール代表を務める。心理学を児童教育、受験教育に活用し、独自の理論と実践で知られる。著書には『和田式　勉強のやる気をつくる本』（学研教育出版）『中学生の正しい勉強法』（瀬谷出版）『［改訂新版］学校に頼らない和田式・中高一貫カリキュラム』（新評論）など多数。初監督作品の映画「受験のシンデレラ」がモナコ国際映画祭グランプリ受賞。

Hideki Wada

3～5年ぶんの過去問を解いておくのがベスト

ここで、1つ補足です。模試で入試本番のシミュレーションを行う際、その成功を左右するのは、それまでに志望校の過去問を十分に解いているかいないかです。これが不足していると、事前調査が不十分となり、戦略をうまく立てることができません。

志望校の過去問は、過去3～5年ぶんくらいまでやっておくとよいでしょう。単にその高校の入試問題の特徴をつかむことが目的であれば、3年ぶんもやっておけば十分です。

もちろん、もっと過去のものに取り組んでもよいのですが、あまり古い年代のものは書店で手に入りにくい可能性があります。

どうしても探したい場合は、古本屋さんに足を運んでみたり、学校や塾の先生に相談してみましょう。

和田先生のお悩み解決アドバイス

QUESTION

面接試験で緊張せずに話す秘訣は？

ANSWER

大事なのは、リラックスとリハーサル

脳科学的には、脳が窒息状態になると緊張やパニックが生じるといわれています。つまり、緊張しそうなときは、なんらかの方法で脳の血流をよくし、その窒息状態を解除してあげればいいのです。なかでも、私がいいと思う方法は、「笑う」こと。簡単に脳の血流をよくすることができます。いざというとき、すぐに笑ってリラックスできるよう、おもしろいイラストやお気に入りのジョーク集、ギャグ漫画など、自分が見て笑えるアイテムを常備しておくとよいでしょう。

とはいえ、絶対に緊張しない、と言いきれるような秘訣は、じつはあまりありません。大切なのは、あらかじめ面接の練習をしておくことです。「自分は緊張しやすい」と言っている人に限って、十分な練習をしていないということがよくあります。もともと、面接に限らずあらゆる場面において、日本人はリハーサルをしない人が多いのです。面接試験で緊張せずに全力を出しきりたいのなら、事前に学校の先生などに面接官役をお願いして、しっかり練習しておきましょう。

Welcome to Chitralada School
文部科学省SGH指定校
スーパーグローバルハイスクール
英知をもって国際社会で
活躍できる人間を育成する。

人格を形成する3つの特色教育があります。

【進学教育】特進選抜類型・特進選抜S(サイエンス)クラス・英語選抜類型・特進類型の類型制によって学力を伸展すると共に、全類型対象に1年からサテライト講座・2年2学期から課外講座を実施し、生徒一人ひとりの高度な進路を実現します。

【国際教育】グローバルな国際社会に生きるために、英検取得・国際理解・国際交流・海外研修などの分野において、実践的な諸活動を展開します。平成26年度より文部科学省からSGH(スーパーグローバルハイスクール)として指定され、グローバル社会で主体的に活躍するための教育が展開されています。

【福祉教育】心豊かな人間性や社会性を育むために、多彩なボランティア活動を提供し、自主的な活動を促進します。

個別相談会　生徒・保護者対象

11月19日(土) 14:00～全域対象

12月10日(土) 14:30～都内生対象　16:30～都外生対象

学校説明会　生徒・保護者対象

12月10日(土) 13:00～都内生対象　15:00～都外生対象

予約制個別相談会

12月25日(日) 9:00～12:00 全域対象

学校説明会資料(冊子)添付の専用はがきでご予約ください(12月21日必着)

公開学校行事　王子キャンパス本館

S・Eクラス発表会 11月19日(土) 13:00～ 要予約

平成29年度 生徒募集概要

入試区分	推薦入試		一般入試
	推薦Ⅰ・Ⅱ	推薦Ⅲ	一　般 ＊併願優遇制度あり
試験日	1/22(日)	1/25(水)	2/10(金)または2/11(土)
募集定員	65名 特進選抜　30名 ＊S(サイエンス)クラスを含む 英語選抜　15名 特　　進　20名		65名 特進選抜　30名 ＊S(サイエンス)クラスを含む 英語選抜　15名 特　　進　20名
受験科目	適性検査(英・国・数) 面接		学力試験(英・国・数) 面接
合格発表	1/23(月)	1/26(木)	2/13(月)

(推薦入試 Ⅰ　本校第1志望)
(推薦入試Ⅱ・Ⅲ 本校併願 ＊埼玉・千葉他 国公立中学生)

順天高等学校

王子キャンパス(京浜東北線・南北線 王子駅・徒歩3分)
東京都北区王子本町1-17-13　TEL.03-3908-2966

新田キャンパス(体育館・武道館・研修館・メモリアルホール・グラウンド)
http://www.junten.ed.jp/

※このページは41ページから読んでください。

午前 8:20［毎日］	午前 8:30［毎日］
午前 9:40［毎日］	午前 9:30［毎日］
午前11:40［平日のみ］	午前10:30［平日のみ］
午後 1:20［毎日］	午前11:30［毎日］
午後 2:40［毎日］	午後 1:00［毎日］
午後 4:00［毎日］	午後 2:00［毎日］
午後 5:20［毎日］	午後 3:00［毎日］
午後 6:40［平日のみ］	午後 5:00［平日のみ］
注意 1．ナイフやはさみのような危険物は船内に持ち込めません。 2．船の定員は20人です。 3．小動物は乗船できます。運賃は片道100円、往復200円です。	

では、問いを見てみよう。

問1．以下の問いに対する解答を時刻で答えなさい。
Jack arrived at Tokyo Port at 1:30 p.m. on Monday. He wants to get to the island as soon as possible. What time can he arrive at the island?

和訳すると、

ジャックは月曜日の午後1時半に東京港に到着した。彼はできるだけすぐにその島行きに乗りたいと思っている。島に着けるのは何時だろうか。

となる。1時半に最も近いのは2時40分発の船だ。所要時間の50分は片道の所要時間か、それとも往復なのか、明示されていないが、通常は片道の場合が多いので、そう考えよう。

そうすると、2時40分＋50分＝3時30分になる。計算はすぐに暗算でできる。だが、3:30 p.m. というふうに答えるのか、それとも3時30分というふうに日本語で答えるのか、手元に答案用紙もないので、はっきりしない。まあ、書き方がどうであっても、答えがわかればいいよね。

正解　午後3時半

問2．以下の問いに対する正しい解答をア～エから一つ選び，記号で答えなさい。
Jessica is going to leave Tokyo Port with the first ferry on Monday, but she needs to come back to Tokyo Port at 10:20 a.m. How long is she going to stay in the island?

ア．80 minutes　　イ．100 minutes
ウ．120 minutes　　エ．140 minutes

和訳すると、

ジェシカは月曜日の始発で東京港を発つつもりだが、午前10時20分に東京港に戻る必要がある。彼女はどれくらい長く島にいられるだろうか。

ア．80分　イ．100分　ウ．120分　エ．140分

始発は7時だから、50分後の7時50分に島に到着する。そして、9時30分の船に乗れば、東京港に50分後の10時20分に戻れるね。そうすると、7時50分から9時30分までの100分間、島に滞在できることになる。

正解　問2　イ

問3．本文の内容と合う英文を次のア～オから一つ選び，記号で答えなさい。

ア．It will take fifteen minutes to get to Jissen Island from Tokyo Port.
イ．You must put your knives in your bag when you are on the ferry.
ウ．The class with 30 students can arrive at the island at the same time.
エ．Parents with two children have to pay a total of 1250 yen for one way tickets.
オ．Parents with a child and a cat have to pay a total of 2150 yen for round trip tickets.

和訳すると、

ア.東京港から実践島へは15分かかるだろう。
イ.船内ではナイフをバッグに入れておかねばならない。
ウ.生徒30人のクラスは同時に島に上陸できる。
エ.子どもを2人連れた両親は、片道の運賃として合計で1250円を払わなければならない。
オ.子ども1人とネコ1匹を連れた両親は、往復の運賃として合計で2150円を払わなければならない。

アは、片道50分かかるので×だね。
イも、刃物は持ち込めないので×。
ウも、船の定員は20人なので×。
エは、（250×2）＋（500×2）＝1500だから、×だ。
オは、450＋200＋（750×2）＝2150だから、○だ。

正解　問3　オ

このように、私立高の英語問題は、学校によってかなり違いがある。偏差値を単純に比較するのではなく、過去問を解いてみて、自分に合った問題を出す学校かどうかも、受験校を決定するときに確認するといい。

※このページは41ページから読んでください。

＝すぐに彼の夢はかなって、彼は去った。

最初に願いを言った男はwas gone＝行ってしまったのだ。どこへ行ってしまったのだろうか？　もちろん、家族のところ、自分の家にだね。つまり、(1)に入れるのは『ぼくは家に戻りたい』とか、『ぼくの願いは帰宅することだ』とか、『どうか家に帰してください』という文だ。英文にすると

I want to go back home.とか、

My wish is to return home.とか、

Please, make me at home! だね。

これは英作文問題だから、正答は１つではない。上の文のどれでもいいし、これ以外にも正答がいくつもある。

続けて読んでいこう。

The second man's wish was the same, and he was gone.

＝２番目の男の願いも同じで、彼は去った。

The genie asked the third man, "Now what can I do for you?"

＝精霊は３番目の男に尋ねた、「さて、私は君になにをしてあげられるかな」

what can I do for you? は、よく用いられる決まり文句だね。『なにか私にできること、ある？』とか、『なにをしてほしいの？』という意味だ。

He said, "I'm lonely. I miss my friends, so (2)__________________"

＝彼は言った、「ぼくはさびしい、それで（　　　　　　　　）」

さあ、(2)の空所にはどんな文を入れるといいだろうか。笑い話にしなさいという指定だから、大いに意外で、しかも「愚かだなあ！」という内容でなければならない。

そのヒントになることは２つある。

１つは、３人のうち２人は島を去って、最後に１人しか残っていないことだ。もう１つは、３番目の男のセリフの「I'm lonely. I miss my friends,」が、最初の男の「I'm lonely. I miss my family.」とそっくりなことだ。

どちらも同じく、I'm lonely.と言っている。そのさびしく思う理由は、最初と２番目の男の場合は、familyを失ったことであるが、最後の男はfriendsを失ったことだ。

familyは同じ家にいるのだから、最初の男も２番目の男もそれぞれ自分の家に戻っていった。無事に願いがかなったわけだ。

最後の男はどうだろう。さびしさを解決するのは、２人の男たちといっしょにいることだが、２人はそれぞれ別々に自分の家にいる。最後の男が２人といっしょにいるには、２人を島に呼び戻すしかない。だから、「２人をこの島に戻してほしい」と、精霊にお願いするに違いない。

そうしたらどうなるか。せっかく、家に戻れた２人の男たちは、再び無人島に連れて来られることになる。３人目の男のせいで、元の木阿弥《もくあみ》になってしまうのだね。

そこで読者は大爆笑、３人目の愚かな願いのひと言に笑ってしまう、というわけだ。

(2)に入れる英文は、(1)の答えと対《つい》だなと気づけば、すぐに作れるだろう。

I want my friends to come back here.とか、

My wish is their returning here.とか、

Please, make my friends come back here! だ。

う～ん、ちょっと難しかったなぁ…と感じた人は次の実践学園の問題を解いてみよう。

下の図はJissen IslandとTokyo Portを行き来するフェリーの運賃表及び時刻表です。表を参考に後の設問に答えなさい。

The time needed : 50minutes	
Ticket　One way　*Round trip Adult　500yen　750yen Child　250yen　450yen	
Leave Tokyo Port	Leave Jissen Island
7:00 a.m. [every day]	7:30 a.m. [every day]
8:20 a.m. [every day]	8:30 a.m. [every day]
9:40 a.m. [every day]	9:30 a.m. [every day]
11:40 a.m. [*weekday only]	10:30 a.m. [weekday only]
1:20 p.m. [every day]	11:30 a.m. [every day]
2:40 p.m. [every day]	1:00 p.m. [every day]
4:00 p.m. [every day]	2:00 p.m. [every day]
5:20 p.m. [every day]	3:00 p.m. [every day]
6:40 p.m. [weekday only]	5:00 p.m. [weekday only]

Notes
1. You can't bring dangerous goods like knives or scissors on the ferry.
2. The ferry can take only 20 *passengers.
3. The ferry can carry only small pets. 100yen is needed for an one way trip. 200 yen is needed for a round trip.

（注）　Round trip　往復　　weekday　平日
passenger　乗客

これが問題文だ。文というより看板だね。こうした生活の場が題材の問題は好ましい。まずこれを和訳する。

所要時間：50分	
運賃　片道　往復 大　人 500円　750円 子ども 250円　450円	
東京港 発	実践島 発
午前 7:00［毎日］	午前 7:30［毎日］

教育評論家 正尾佐の

高校受験指南書

英語 【百弐拾の巻】今年出たおもしろい問題2

今号は「今年出たおもしろい問題」シリーズの第２弾。まずは渋谷教育学園幕張の問題を見てみよう。

次の英文が，笑い話として成立するように(1)，(2)に英文を書きなさい。

One day, three men on a boat were caught in a sudden *storm and their boat *sank. They swam in the sea for more than three hours and reached a *deserted island. It was very hard to live there, but they tried to keep living. One day they found a bottle on the beach. When one of the men picked it up and *rubbed it, a magic *genie came out of it. The genie said to then, "I will make your wishes *come true, but just one wish for each of you." The first man said, "I'm lonely. I miss my family.
(1)＿＿＿＿＿＿＿＿＿＿" His dream came true at once and he was gone. The second man's wish was the same, and he was gone. The genie asked the third man, "Now what can I do for you?" He said, "I'm lonely. I miss my friends, so
(2)＿＿＿＿＿＿＿＿＿＿"

（注）storm 嵐　sank：sink（沈む）の過去形
deserted island 無人島　rub 〜をこする
genie（童話などに出てくる）精霊，魔法使い
come true 実現する

(2)の空白部分に入る文で爆笑することになるのだが、その正解の文を作れるかどうかがポイントだ。

では、問題文を一文ずつ確かめていこう。

One day, three men on a boat were caught in a sudden storm and their boat sank.
＝ある日、舟に乗った３人の男が突然の嵐に襲われて、彼らの舟は沈没した。

were caught in 〜は、are caught in 〜の過去形で、＜〜に襲われた＞という意味だ。＜よくないことが思いがけなく起きる＞ことをいう。

They swam in the sea for more than three hours and reached a deserted island.
＝彼らは３時間以上も海を泳いで、無人島に着いた。

more than 〜は、＜〜以上＞という意味だね。

またdeserted islandは、＜遠く離れただれもいない（熱帯の）島＞をいう。どう発音するかは辞書で確認しておこう。

It was very hard to live there, but they tried to keep living.
＝そこ（＝a deserted island）で生きるのはとても難しかったが、彼らは生き続けようと頑張った。

It was 〜 to …は、＜…のは〜だった＞という意味だね。

One day they found a bottle on the beach.
＝ある日、彼らは浜辺で瓶を見つけた。

When one of the men picked it up and rubbed it, a magic genie came out of it.
＝男の１人がそれ（＝a bottle）を拾いあげてこすると、そこに魔法の精霊が現れた。genieは元々守護霊のことで、やがてアラビア地方の伝説に登場する（瓶やランプに閉じこめられた）精霊をいうようになった。

The genie said to them, "I will make your wishes come true, but just one wish for each of you."
＝精霊は彼らに言った、「私は君たちの願いをかなえてやろう、だが君たち１人ひとりにそれぞれ１つだけだよ」。

make 〜 come trueは＜〜を実現させる＞という意味だ。

The first man said, "I'm lonely. I miss my family.
(1)＿＿＿＿＿＿＿＿＿＿"
＝最初の男は言った、「ぼくはさびしい。家族に会えないんだ。（　　　　　　　　）」

さあ、ここで問題。これに続く文を読むとわかるだろう。

His dream came true at once and he was gone.

開智高等学校

開智高校最大の行事「Contemporary issues」は、研修エリア選択型の探究学習です。

「Contemporary issues」とは、開智生が取り組んでいる探究型学習の1つで、宿泊を伴う「現地研修」を含んだ、約2年間にわたる一大行事の総称です。全コース（T・S・Dコース）の生徒が3つのエリアから自由に1つを選択し、探究テーマの研究を行います。今回は特に「現地研修」のプログラムについて紹介します。

A ボストン　コース

グローバルリーダー育成のためのコースです。公式のFuture Global Leaders Program（FGLP）として実施します。

アメリカ合衆国は良くも悪くも世界のリーダーたる国ですが、その「国」の様子を見学することが目的ではありません。その国を支え、発展させている「人」と会い、インタラクティブなコミュニケーションを通して、学び、気づき、思考する姿勢を獲得していきます。

開智生5名に対してハーバード大学生1名が、全行程にわたり、チューターとしてつきます。プレ・スタディで共有しておいた探究テーマについて、現地では議論したり、検証したりしながら、最終日にはハーバード大学の学生や研究者に対して、各自の研修成果を英語でプレゼンテーションします。

求められる思考力、表現力あるいは語学力のレベルは決して低いものではありませんが、その分やりがいのあるプログラムになっています。

B シンガポール　コース

国際的地位を急激に向上させているエリアに行くことで、国家が発展していくプロセスでいったい何が起こっているのかを体感するコースです。

英語を母語としない国民が、なぜこれほど英語を身につけることができているのか、そのノウハウなども体験していきます。また、日本企業も数多く拠点を置くこのエリアで、日本人がどのように働いているのか、また現地の人々とどのように協力し合っているのかなどを調査・見学していきます。

C 広島・関西　コース

素材豊富な2地域での個人研修コースです。全行程を自分でアレンジすることを通して、自分の行動に責任を持つ姿勢を育むとともに、創意工夫する力を高めていきます。

日本が国内で迎える「グローバル化」、すなわち全労働者に占める外国人労働者（将来的には移民）の割合が急激に上昇することが見込まれる時代に、みなさんは各企業の中核世代となります。そのことを意識した上で、特徴的な歴史背景を持つ2つのエリアでの研修を通して、日本人および外国人それぞれの視点で見る日本について考察を深めていきます。

以上3エリアから1つを選択し、参加します。あなたなら、どのエリアで研修をしてみたいですか？　いずれのエリアも魅力的でなかなか1つには決められないかもしれません。

受験勉強で忙しい毎日ですが、ちょっと頭を休めて、「自分は将来どんな仕事をしたいんだろう？」「高校時代にどんな体験をしてみようかな？」など、いろいろ想いを巡らせてみるのも、良い気分転換になるかもしれません。

開智高校の入試は不合格者を出すための入試ではありません。よりよい結果を求めてチャレンジする、その「やる気」に応える入試です。

入試の特色

開智高校の入試は、1月22日、23日、24日の3回行われます。

これらの試験は実施回ごとに判定が行われ、そのなかで最も上位の結果が25日の合格発表日に通知されるというシステムになっています。したがって、受験日による有利不利はありません。一人ひとりの受験生がそれぞれの都合に合う日程で受験することができるようになっています。

また、3回の入試のうちで複数回を受験した場合には、受験した「すべて」の回の3教科総合得点に10点が加点されるという優遇措置を得ることができます。

さらに、すべての回の試験で「スライド判定」が導入されています。「スライド判定」とは、すべての受験生に対して、すべてのコース（T／S／Dコース）の判定を行う制度です。この制度の下では「受験回数が多ければ多いほど有利」になります。スライド判定の利点を最大限利用するためにも、開智高校の受験にあたっては複数回受験がおすすめです。

最後に…。開智高校は単願の受験生をとても大切にする高校です。なぜなら、「開智で学びたい」という志がしっかりしていればしている人ほど、「智」の修得がはやく、しかもハイレベルで獲得していくからです。実際に、学習面では言うまでもなく、行事や部活動においても単願入学生をはじめとした「志の高い」生徒が大活躍しています。

この伝統と歴史を受け継いでくれる「志高き受験生」を開智高校は待っています。

◆入試説明会（80分）・個別相談会（約15分）

日　程	入試説明会（予約不要）		個別相談会（要予約）
11月19日（土）	10：00〜		10：00〜16：30
11月27日（日）	10：00〜	13：30〜	
12月17日（土）	10：00〜		

※個別相談会の申込みはインターネットで9月1日より受付けています。

「開智で学べたこと」

2013年度卒　坂田　成美（上尾市立大石中学校卒業）
熊本大学（医学部医学科）在学中

開智は、まさしく人が成長できる「学びの場」です。私は開智で、勉強する力、仲間と団結する力、最後まで諦めない力を学びました。

まず、勉強する力についてです。開智は、進学を目指す学生をとても応援してくれる学校です。一年次から特別講習があり、三年になると、毎日講習が行われます。

次に、仲間と団結する力についてです。私は、生徒会役員をしていました。生徒会では、ほかの役職の仲間と協力して行事を進めたり、生徒の意見を取り入れ、改善したりしました。意見をまとめるのはとても大変でしたが、このときに培った仲間との絆はいまでも忘れません。

最後に、諦めない力です。受験の時、私は何度も勉強を諦めそうになりました。しかし先生方、両親、仲間に支えられ、諦めなかったからこそ、いまの自分があると思います。開智で、私は大きく成長しました。開智での学びの可能性は無限大です。

KAICHI

開智高等学校

高等部（共学）

〒339-0004
さいたま市岩槻区徳力西186
TEL 048－794－4599（企画広報室）
http://www.kaichigakuen.ed.jp/
東武アーバンパークライン（東武野田線）
東岩槻駅（大宮より15分）北口 徒歩15分

2015年 ノーベル生理学・医学賞　受賞
開智学園名誉学園長　大村　智先生

学校名になっている『開智』は大村先生が名づけられたものであり、そこには先生の教育観が込められています。その教育が実践されているのが、ここ『開智高等学校』なのです。

国語

東大入試突破への現国の習慣

田中コモンの今月の一言！

今日よりも明日の自分は確実に成長しているのですよ！

田中《たなか》 利周《としかね》先生

早稲田アカデミー教務企画顧問

東京大学文学部卒。東京大学大学院人文科学研究科修士課程修了。文教委員会委員。現国や日本史などの受験参考書の著作も多数。

グレーゾーンに照準！今月のオトナの言い回し「心にもない」

教え子君のお母様から深刻な相談です。「母親失格です。息子に心にもない言葉を浴びせてしまいました。」母親失格、とまでご自身を追いつめています。反省しきりの様子のお母様ですが、一体何をお子さんに言ってしまったのでしょうか。「受験生なのに、ちっとも自覚がないというか…当然、勉強していなきゃいけないタイミングで、ダラダラとテレビをつけっぱなしにしていて…」それで怒ったのですね、「勉強しなさい！」と。でも、それはどこのご家庭でも繰りひろげられている「日常の風景」ではないでしょうか(笑)。受験生なら注意されて当然ですし、お母様が心配になるようなことではありませんよ。お子さんも「どこかで区切りをつけなくちゃ」とは気づいていたはずです。それでも「次にCMが始まったらテレビを消そう」といった、実に頼りない決意を胸に秘めていたくらいでしょうから、お母様に注意されてようやく区切りがついたというのは、むしろ本人にとってもありがたいハナシなんですよ。「今やろうと思っていたのに！」と文句は言うでしょうが、「だったら言われる前にやりなさい！」と言い放っても問題ないというくらいです。

ここまで筆者は「受験生の日常風景」というカテゴリーでのお話と理解して、一般的なアドバイスを返していたのですが、ポイントはそこではありませんでした。「心にもないことを」というお母様の発言からも明らかなように、「勉強しなさい！」という小言について反省しているのではないようです。それはそうですよね。勉強してほしいとは心にも思っていない、なんていうことはないでしょうから。では、お母様は一体何を言ってしまったのでしょうか。

「合格するはずないでしょう！　落ちてみないと分からないのね！」お母様の反省は、このネガティブな言葉を投げかけてしまったことに対してだそうです。「不合格だの、落ちろ、だの、心にもないことを言ってしまって…先生から感情のマネジメントが重要だと教えていただいたのに…」筆者の連載を熟読してくださっているようで、アンガーマネジメント（怒りの感情をコントロールすること）のお話も理解して下さっています。頭では分かっているのですが、わが子に対しては我慢ができずに厳しい言葉をつい…。そうなんですよね、怒りにまかせて口走ってしまいますよね。でもお母様、この際ですから申し上げますが、それは「心にもない」ではなくて「心からの」叫びだ

ということを、しっかりとご認識くださいませ！

「心にもないことを言ってしまってごめんなさい」というフレーズは、謝罪の際の常套句《じょうとうく》です。本心からではないことをアピールして許しを請うわけですが、実際問題としてよく考えてみてください。人間は思いもしないことを口にすることはありません。怒りという感情が「言ってはいけない」という理性によるストッパーを解除してしまい、その結果口をついて出てきた言葉というのは、実は「心の底では常々そう思ってきたこと」に他なりません。

「先生、私はわが子の不合格を望んでいたりはしませんよ。」それはそうでしょう。しかしながら「こんな調子では不合格になってしまう」と心配していたでしょう？ その思いを口に出さず、とりわけ「不合格」をＮＧワードとして意識してしまうあまり、「そんなことを考えていること」自体をなかったことにして、意識に上らないように心の奥底に閉じ込めてしまっていたのでしょう。それは「言ってはいけないこと」であって、「心にもないこと」ではないのですよ。

「それでも、子どもに対して言ってはいけないことを、口にしてしまったことには違いありませんから」と、お母様。確かに本人を目の前にして言うことではありませんよね。その点は反省して頂いて、では本人の前で口にしないようにするにはどうすればいいのでしょうか？ 簡単です、本人が目の前にいなければいいのです！「心にもない」などと、「なかった」かのように振舞うのは、ストレスがたまるばかりです。ですからお母様、どんどん我われに言ってください！ 本人の前では口にできない「本音」を、ぜひお聞かせください！「先生！ このままだと息子は合格できないと思います！」そうです、ご相談くださいませ。そのためにこそ、我われ講師が存在するのですから。

慇・懃・無・礼?! 今月のオトナの四字熟語「相対評価」

教え子君と話をしていて、それは冗談で言っているのか、それとも本気で言っているのか、よく分からずにいて、筆者が事情を理解するまでに随分と時間がかかった、という最近のエピソードをご紹介します（笑）。筆者は冗談だと聞き流していたのですが、教え子君はどうやら本気でそう思っているようなのでした。

教え子君が力を込めて主張することには「自分は小学校五年生の時が、一番頭が良かった！」と言うのです。筆者としては単純に、そんなことはないだろう、と話をしました。中学生になって英語も数学も新しく学習し始めて、どんどん知識の量は増えているし、小学生の頃とは比べものにならないほど頭は良くなっていると思うよ、と教え子君の冗談を軽くいなして、自信を持てと言いたかったのです。ところが、教え子君は頑《かたく》なに「五年生の頃は、本当に頭が良かったんです。あぁあ、五年生に戻りたい」と言いつのります。「ははぁ、今の能力のまま、五年生に戻りたいというヤツか。のび太じゃないんだから、そんな夢想をしていないでちゃんと期末テストの準備をしろ！」と、現実逃避を試みていると思った筆者は、厳しく教え子君にあたったのでした。さらには「私なんか君の何倍も長く生きてきているが、今でもどんどん賢くなっているという実感があるぞ！ 人生で一番頭が良いというタイミングは、今だ！と自信をもって言えるぞ！」と自慢にしか聞こえない発言をして、教え子君を途方に暮れさせていました。筆者としては、今日よりも明日の自分は成長している、という話を伝えたかったのです。

「小学生の頃はクラスでも一番できる！って思っていたのに、中学生になってからは、真ん中くらいでしかないし…」ここでようやく筆者は気づいたのでした。あぁ相対評価の話をしていたのか、と。

クラスの中の自分の順位、といった尺度で評価することを「相対評価」と言います。「一番できるグループは10％で、二番手グループは20％で…」と決められた枠の中で、自分がどこに位置するのかということが評価の基準になります。ですから教え子君は、小学生の頃は一番手グループに属していたが、中学校に入ってからは、二番手・三番手グループをウロウロ…という状況なのでしょう。小学校と違い中学校は、通学のできる区域も格段に広くなり、集まってくる生徒の幅も広がります。当然「できる」生徒もたくさん集まってきますよね。でもこの傾向は、高校・大学と進学するにつれて、さらに拍車がかかってきます。大学には全国から「我こそは！」という人物が集まってくるわけですから。

「え〜。じゃあ大学に行ったら今よりもっと大変じゃないですか。やっぱり小学校がいい」と教え子君。大丈夫です。大学での評価の仕方は「絶対評価」になりますから。クラスの中の何番手、という評価基準ではなく、この百点満点のテストで80点をこえたものはA判定、といった「基準点に達するかどうか」が評価のポイントになるのです。もしクラス全員が80点をこえたら、全員がA判定になるだけです。「それいいですね！ はやく大学生になりたいです！」と、俄然やる気をみせた教え子君なのでした。

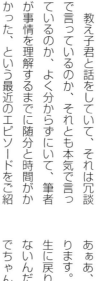

⇒　∠BAD＋∠BCD＝180°

これより、「**円に内接する四角形の向かい合う内角の和は180°に等しい**」という性質があることがわかります。

(3)　△ACDの内角の和に注目すると、

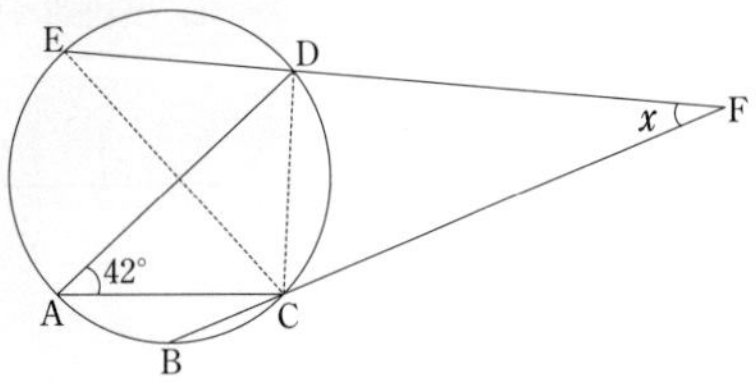

∠DCA＋∠ADC＝180－∠DAC＝180－42＝138°

$\overset{\frown}{AB}=\overset{\frown}{BC}$、$\overset{\frown}{AE}=\overset{\frown}{ED}$より、

∠ECB＝∠ECA＋∠ACB

＝$\frac{1}{2}$∠DCA＋$\frac{1}{2}$∠ADC

＝$\frac{1}{2}$(∠DCA＋∠ADC)＝$\frac{1}{2}$×138＝69°

また、$\overset{\frown}{CD}$に対する円周角だから、

∠CEF＝∠CAD＝42°

よって、△CEFの内角と外角の関係より、

∠CEF＋∠CFE＝∠ECBだから、

42＋x＝69

が成り立つ。これを解いて、∠x＝**27°**

次は、円と三平方の定理との融合問題です。円の接線の性質や相似の活用がポイントになります。

問題2

右図のように，1辺の長さが2の正方形ABCDの辺AD上に点Eをとり，Bを中心とする半径2の円と線分BEの交点をFとする。また、点Fにおけるこの円の接線と辺CD，DAとの交点をそれぞれG，Hとする。

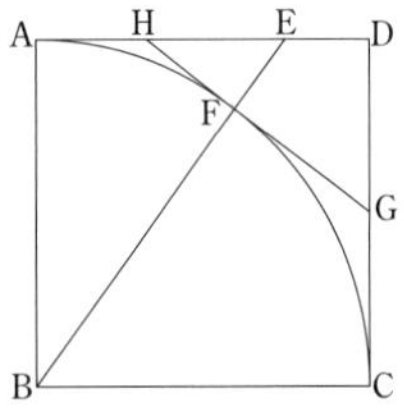

AE：ED＝3：1の場合について，以下の問いに答えよ。

(1)　線分EFの長さを求めよ。

(2)　A，B，C，…，Hを頂点とする三角形のうちで，△DEGと合同なものをひとつ挙げよ。

(3)　線分FHの長さを求めよ。

(4)　直線GEと直線BDとの交点をIとして，直線HIと直線GDとの交点をJとするとき，線分JGの長さを求めよ。　（開成）

<考え方>

(2)　円の接線は接点を通る半径と垂直だから、△FEGは直角三角形になります。

(4)　直線GEと直線BDとの交点Iは△DHGのなにに当たるかを考えましょう。

<解き方>

(1)　仮定より、AB：AE＝2：2×$\frac{3}{3+1}$＝2：$\frac{3}{2}$＝4：3だから、△ABEは、3辺が3：4：5の直角三角形。

よって、BE＝$\frac{5}{4}$AB＝$\frac{5}{4}$×2＝$\frac{5}{2}$

ゆえに、EF＝BE－BF＝$\frac{5}{2}$－2＝$\mathbf{\frac{1}{2}}$

(2)　△DEGと△FEGにおいて、

∠EDG＝∠EFG＝90°

ED＝2×$\frac{1}{3+1}$＝$\frac{1}{2}$＝EF

また、EGは共通

直角三角形の斜辺と他の1辺がそれぞれ等しいので、△DEG≡△**FEG**

よって、△DEGと合同なものは、△FEG

(3)　△FHEと△ABEで、

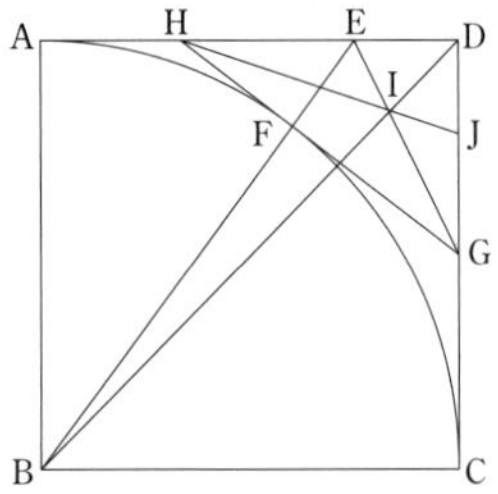

∠HEF＝∠BEA(共通)、

∠HFE＝∠BAE(＝90°)

より、△FHE∽△ABE

よって、

FH＝$\frac{4}{3}$EF＝$\frac{4}{3}$×$\frac{1}{2}$＝$\mathbf{\frac{2}{3}}$

(4)　直線FGと直線CGは円の接線だから、FG＝CG

△DEG≡△FEGだから、DG＝FG

よって、DG＝CG＝$\frac{1}{2}$CD＝1

仮定より、直線GEと直線BDは、△DHGの内角の二等分線。よって、交点Iは△DHGの内心だから、直線HJは∠DHGの二等分線である。

したがって、角の二等分線の性質より、

DJ：JG＝HD：HG

ここで、△DHG∽△FHEだから、HD：HG＝4：5

よって、DJ：JG＝4：5

以上より、JG＝1×$\frac{5}{4+5}$＝$\mathbf{\frac{5}{9}}$

図形問題は、どこに着目して問題を解き始めるかがポイントになることが多いですが、円の問題はそれがわかりにくいのが特徴です。また、問題2のように、相似の性質や三平方の定理を利用する複合的な問題もよく出題されますので、円の基本定理をしっかり身につけたうえで、より多くの問題に当たって経験を積んでいくことが大切です。パターンを整理していくことで、自然と解き方のコツが身についていきますから、根気強く取り組みましょう。

数学

楽しみmath 数学！DX

基本定理をしっかりと身につけて多くの問題にあたろう

登木 隆司先生
早稲田アカデミー 城北ブロック ブロック長
兼 池袋校校長

今月号は、円の性質とその応用を学習していきましょう。

はじめに，円周角の定理を用いて等しい角を見つけていく問題です。

問題1

それぞれの∠xの大きさを求めなさい。

(1) 図1で，点A，B，C，Dは円Oの周上の点であり，線分BDは円Oの直径である。また，AB＝ACである。（福島県、一部略）

図1

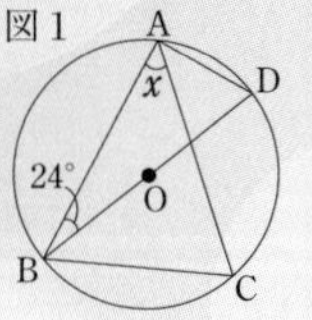

(2) 図2のように，円Oの周上に4点A，B，C，Dがあり，∠OBC＝40°，∠ODC＝60°のとき。（東京都、一部略）

図2

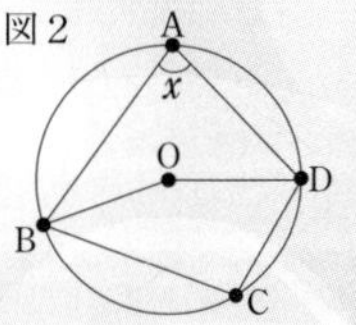

(3) 図3において，5点A，B，C，D，Eは円周上の点であり，∠CAD＝42°，$\overset{\frown}{AB}=\overset{\frown}{BC}$，$\overset{\frown}{AE}=\overset{\frown}{ED}$である。また，点Fは2直線BC，EDの交点である。

図3

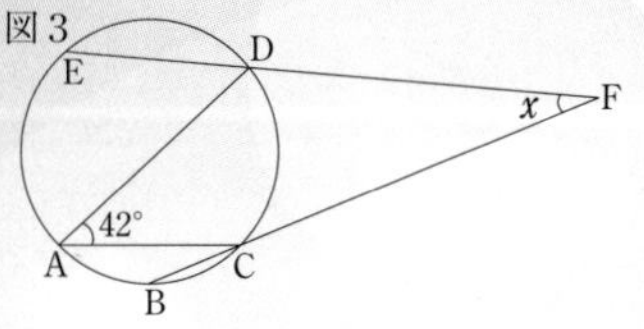

（筑波大学附属、一部略）

<考え方>

(1) 直径に対する円周角は直角であることを利用しましょう。

(3) Aを含むCDに対する円周角は、180－42＝138°になります。

<解き方>

(1) BDは直径だから∠BAD＝90°より、
∠ADB＝180－(24＋90)＝66°
ABに対する円周角だから、∠ACB＝∠ADB＝66°
AB＝ACより、∠ABC＝∠ACB＝66°
よって、∠x＝∠BAC＝180－66×2＝**48°**

(2) OB＝OC＝ODより、∠OCB＝∠OBC＝40°
∠OCD＝∠ODC＝60°
よって、∠BCD＝40＋60＝100°
また、∠BOD＝2∠BAD＝$2x$
よって、四角形OBCDの内角の和から、
$2x+\underline{40+100+60}=360$
が成り立つ。これを解いて、∠x＝**80°**

<参考>

下線部の和は、∠BCDの２倍の大きさを表すから、2∠BAD＋2∠BCD＝360°

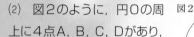

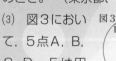

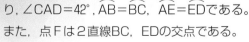

美 女子美術大学付属高等学校

JOSHIBI

2016年度 公開行事

学校説明会
11月19日(土)
14:00～

公開授業
11月19日(土)
11月26日(土)
各8:35～12:40

すべて予約不要

持参された作品に美術科教員がアドバイス。

作品講評会
11月19日(土)
14:00～
(13:30受付開始)

2017年度 入試日程

〈推薦入試〉
試験日 1月22日(日)
募集人員 32名
出願期間
1月18日(水)・19日(木)
9:00～17:00
持参

〈一般入試〉
試験日 2月10(金)
募集人員 33名
出願期間
1月25日(水)～2月8日(水)
郵送必着(調査書・写真票)
※2月9日(木)
持参のみ
9:00～12:00

※詳細はホームページをご覧下さい。

平成29年度入試よりインターネット出願となります

〒166-8538 東京都杉並区和田1-49-8 [代表] TEL: 03-5340-4541 FAX: 03-5340-4542

http://www.joshibi.ac.jp/fuzoku

100th 2015 ANNIVERSARY

英語で話そう！

川村 宏一先生
早稲田アカデミー　教育事業推進部
英語研究課 課長

　朝がちょっぴり苦手な中学３年生のサマンサは、父（マイケル）と母（ローズ）、弟（ダニエル）との４人家族。
　サマンサの家に友人のリリーが遊びにきました。ちょうどそのころ、サマンサは台所で料理をしていました。

Lily　：Hi, Samantha. Where are you? …①
リリー：こんにちは、サマンサ。どこにいるの？

Samantha：Are you Lily? I'm in the kitchen. Please come here.
サマンサ　：リリーね？　私は台所にいるわ。こっちに来てちょうだい。

Lily　：I understand. What are you doing ?
リリー：わかったわ。なにをしているの？

Samantha：We are cooking beef stew. I'm cutting the onions, and My mother is frying the beef.
サマンサ　：ビーフシチューを作っているところなの。私はタマネギを切っていて、ママは牛肉を炒めているわ。

Lily　：It seems to be good stew, doesn't it? …②、③
リリー：おいしいビーフシチューになりそうね。

今回学習するフレーズ

解説①　Where	「どこに」 (ex) Where does he live ? 「彼は、どこに住んでいますか？」
解説②　It seems ～	「～そうだ／～らしい」 (ex) It seems likely to snow. 「雪が降りそうだ」
解説③　付加疑問文（相手に同意を求めるようなときに使う）	「～ですよね」 (ex) She is a smart girl, isn't she? 「彼女は頭のいい女の子ですよね」

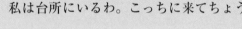

みんなの数学広場

TEXT BY
かずはじめ
数学を子どもたちに、楽しく、わかりやすく、使ってもらえるように日夜研究している。好きな言葉は、"笑う門には福来る"。

初級～上級までの各問題に生徒たちが答えています。
どの生徒が正しい答えを言っているか当ててみよう。
もちろん、当てずっぽうじゃなく、実際に問題を解いてみてね。

問題編

答えは52ページ

上級

次の計算は何進法で成立するでしょうか。

131−45=53

A
答えは… 5進法
暗算でわかる。
B
答えは… 6進法
指で数えたよ。
C
答えは… 7進法
方程式で解いてみた。

自分を育てる、世界を拓く。

■学校説明会　本校および後楽園キャンパス5号館

11/20(日) 14:00～　12/10(土) 14:00～

※いずれも申込不要

説明会後、入試問題解説を行います

11/20(日) 数学：図形（推薦・一般入試）
12/10(土) 英語：リスニング問題解説（一般入試）
数学：文章題（一般入試）

学校見学は随時受け付けております。ご希望の方は、お電話でご連絡下さい。

■2017年度 入学試験概要

	推薦入試	一般入試
募集人員	男子25名　女子25名	男女 70名
試験日	1月22日(日)	2月11日(土・祝)
試験科目	基礎学力調査(国･社、数･理、英)･面接	国語・数学・英語・面接
合格発表	1月23日(月)	2月13日(月)

中央大学高等学校
〒112-8551 東京都文京区春日1-13-27　☎03(3814)5275(代)
http://www.cu-hs.chuo-u.ac.jp/
東京メトロ丸ノ内線・南北線「後楽園駅」下車徒歩5分／都営三田線・大江戸線「春日駅」下車徒歩7分／JR総武線「水道橋駅（西口）」下車徒歩15分

中級

右の図のなかに、大小それぞれいくつの長方形があるでしょうか。

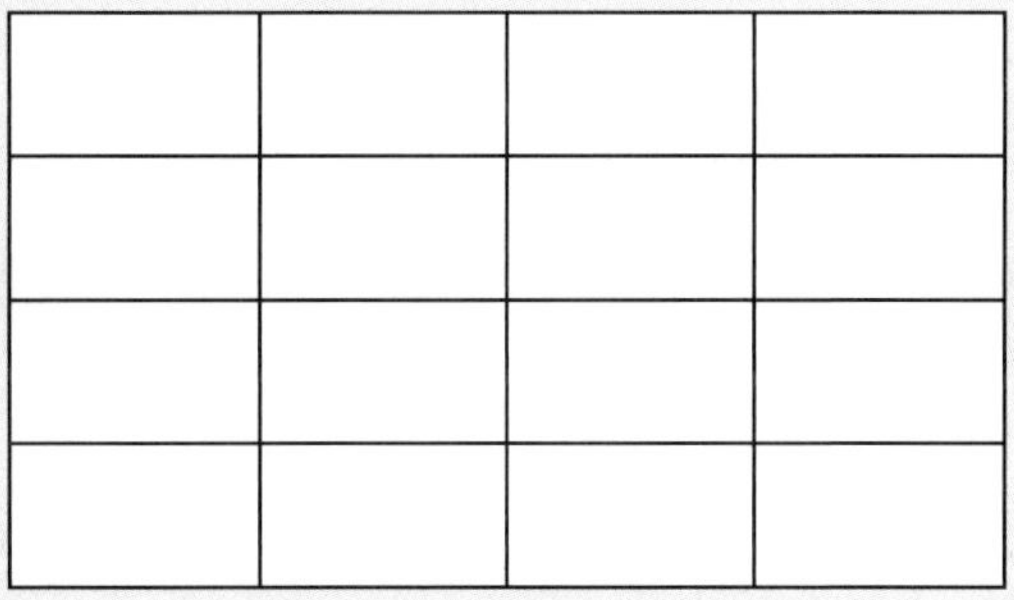

A
答えは… 16個
見ればわかるじゃん！
B
答えは… 99個
よく数えるとこうなったよ。
C
答えは… 100個
計算すればわかるよ。

初級

いま、あなたの目の前には2つの蚊取り線香があります。

この2つの蚊取り線香が燃えるスピードは同じであり、燃え尽きるまでの時間は、2つともちょうど1時間です。

この2つの蚊取り線香を使って、「45分」ちょうどを計ることは可能でしょうか。

A
答えは…
できない
B
答えは…
できる
C
答えは…
あと1つ条件が必要

上級

正解は C

例えば、4進法の123を普段使っている10進法になおす場合、
4進法の数を10進法で表すと
1桁目が1の位、2桁目が4の位、3桁目が4^2の位、4桁目が4^3の位…です。
$123_{(4)}=1\times4^2+2\times4+1\times3=27$になります。

さて、本問題です。
$131-45=53$がn進法で成り立っているとします。
n進法なので小さい桁から1の位、nの位、n^2の位…ですから

$131_{(n)}=1\times n^2+3\times n+1\times1=n^2+3n+1$
$45_{(n)}=4\times n+1\times5=4n+5$
$53_{(n)}=5\times n+1\times3=5n+3$
これを用いて、$131-45=53$は
$n^2+3n+1-(4n+5)=5n+3$
この式を整理して
$n^2-6n-7=0$
因数分解して$(n-7)(n+1)=0$
これを解いて$n\geqq1$であるから$n=7$
したがって、7進法です。

A

B

中級　正解は C

嬉し～い

縦も横も５本の線でできています。これらのうち縦から２本、横から２本ずつ選ぶと長方形が１つできます。したがって、大小それぞれ長方形は
縦の２本の選び方が５×４÷２＝10通り
横の２本の選び方も５×４÷２＝10通り
ですので、10×10＝100個できます。

A
本当に見たまま答えたね。

B
惜しい！　最後に一番大きい長方形を忘れたのでは？

初級　正解は B

イエーイ

ここでわかりやすくするために、蚊取り線香をぐるぐる巻きの状態ではなく、伸ばして１本の棒状にして考えてみましょう。１本の蚊取り線香が燃え尽きる時間は１時間です。これを念頭に置いて、まず１本は両端に、もう１本には片方だけに火をつけます。つまり合計３か所同時につけます。
すると、両端から火をつけた蚊取り線香は、１時間の半分の30分で燃え尽きます。このとき、もう１本の蚊取り線香は30分燃えていますから、残りは30分燃えることができます。
ここでそのもう１本の蚊取り線香の火がついていないもう片方に火をつけます。つまり残り30分を両端から燃やすわけですから半分の時間の15分で燃え尽きます。これで、最初の１本目の30分と残りの２本目の15分を合わせて45分で２本ともに燃え尽きます。つまり45分を計ることができるわけです。

A
できないと思った理由はなんだろう。

C
あと１つの条件ってなに??

＼先輩に聞け！／

大学ナビゲーター

中央大学

経済学部 公共・環境経済学科 1年生

齋藤《さいとう》 美玖《みく》さん

さまざまな講義を通して社会に出てから役立つ力を鍛えています

伸びのびと過ごせる自然豊かなキャンパス

——中央大の経済学部に入学した理由はなんですか?

「経済を学びたいと思っていたので、色々な大学の経済学部に絞って受験をしました。経営学について学べる学部や学科とも迷いましたが、経営学は企業に特化した勉強をしていくイメージがあり、幅広い観点から経済の勉強をしたかったので、経済学部を選択したんです。

中央大の経済学部には私の所属学科を含めて全部で4つの学科があり、受験のときに志望順を出します。そして、成績がいい人から志望が通るようなシステムになっています。」

——どんなことを学んでいますか?

「1年生のうちは、ミクロ経済学、マクロ経済学や統計学など、経済学の基礎となる学問を学んでいます。

少人数で行う『入門演習』は、担当の先生によって学ぶ内容が異なります。私が選んだのは、パワーポイントの使い方やレジュメやレポートの作り方など、大学生活で役立つ知識を学べるクラスです。ほかには、経済学の専門知識をより深く学ぶクラスや、簿記のためにひたすら計算問題に取り組んだりするクラスもあるようです。」

——好きな講義はありますか?

「『ビジネスプロジェクト講座』や『キャリアデザイン』は受けていて楽しいし、とてもためになります。

『ビジネスプロジェクト講座』では、企業から出された課題の解決策を各グループごとに考えたあと、発表を行います。人気の講座で、抽選の倍率は2倍だったそうです。前半はセブン-イレブン・ジャパンからの『2020年に起こりうる社会問

フラッシュモブサークルで依頼者の恋人の誕生日をお祝い

ダンスサークル主催のイベント(「C祭」)でロックダンスを踊ったみなさん

題を分析し、それに対してセブン－イレブン・ジャパンができるビジネスを構築せよ』という課題に取り組んでいます。

とらえ方が無限にある課題なので難しいですし、発表まであまり時間がないので大変です。しかもこの講座では、学生は1人の新入社員として扱われるので、甘えた考えは通用しません。でもそのぶんやりがいがありますし、社会に出てから役立つ力も身につくと思うので頑張りたいです。ちなみに、後半はＪＡＬの方が来てくださいます。

『キャリアデザイン』は多種多様な業種の方のこれまでの人生で感じたことなどを聞く講義です。とくに印象に残っているのは中央大の事務の方のお話です。『運命は性格で決まる』という芥川龍之介の言葉を大切にしているそうで、自分の性格を変えれば、将来も変えていけるということを教えてくれました。自分自身の意識も改めさせられましたね。」

――経済学部がある中央大多摩キャンパスの特徴を教えてください。

「まず敷地がディズニーランドと同じくらい広いと聞いたことがあります。経済学部の教室は一番奥の方にあるので、毎日ディズニーランド内を歩いている感じです（笑）。

そして自然が豊かです。タヌキなどの動物が出たり、キャンパス内に神社があったりします。芝生の丘もあって、学生たちに人気の場所となっています。ここはラバーズヒル、通称ラバヒルと呼ばれています。」

――今後の目標を教えてください。

「4つの学科は2年生からさらに細分化されていきます。私の学科は公共クラスターと環境クラスターに分かれるので、私は公共クラスターに進みたいと考えています。

いまは勉強以外の活動がとても充実しているので、将来の進む道についてはこれからゆっくり考えていきたいです。キャリアデザインやビジネスプロジェクト講座といった講義や、2年生から始まるゼミなどを通じて色々なことを学ぶなかで、徐々に絞っていけたらいいですね。」

楽しく盛りあがるサークル

ダンスサークルとフラッシュモブサークルに入っています。ダンスは小学生のころからずっとやりたかったので、やっと念願がかないました。ジャンルは全部で8つあり、私はロックダンスをやっています。発表の場は学園祭などで、ジャンルの枠を越えて有志のチームを組むこともあります。私も2つのチームに参加しています。

フラッシュモブサークルでは、歌や踊りでサプライズ演出をしています。先日受けた恋人の誕生日を祝いたいという依頼のときは、最初私たち部員は一般人のふりをしていて、音楽がかかると同時に踊り出し誕生日を祝福するという演出をしました。ほかにもプロポーズの場を盛りあげたり、ショッピングモールから依頼を受けて「ハロウィンモブ」を行ったりと色々な活動をしています。

また、「変人学部」という団体にも入っています。留学した人、なにかの団体を立ち上げた人などさまざまな体験をしてきた先輩を「変人教授」として、話を聞くことで刺激を受けようという団体です。いまは運営にも携わっています。

自分のペースを大切に

マイペースな性格なので、長い受験期を乗り越えるために、自分のペースを大切にしていました。長期的な学習予定を立て、やるべきことははっきりさせていましたが、自分の気分が優れないときは早めに切りあげたり、逆に「ここをもっとやりたい」と思ったら、予定を変更してそこを重点的に勉強したりと、柔軟に対応していました。

色々なことに挑戦してみて

まず、無理をしすぎないでください。受験期は想像以上に長く、家族や友だちが支えてくれたとしても、最後は自分との戦いになります。最初に飛ばしすぎるとあとが続かなくなるので、自分のペースを大切に、自分に合う勉強法を探してみてください。もう1つのアドバイスは、色々なことに挑戦してほしいということです。上でも述べたように、私は3つの団体に所属して結構忙しい日々を送っていますが、毎日とても充実しています。こんなことなら高校時代にもっと色々挑戦しておけばよかったと後悔しているので、みなさんも「楽しそう」「おもしろそう」など、少しでも心が動くことに出会ったらまずは挑戦してほしいです。

開智学園が総力をあげて『教育学部』『国際教養学部』を新設

アクティブ・ラーニングと国際英語の

開智国際大学

来春4月、平成29年度のスタートにあたって開智国際大学が「教育学部」と「国際教養学部」を開設します。今回は「21世紀型の教育」を推進している開智学園が、総力をあげて準備し、あとは開智でともに学ぼうとする学生を待つだけとなっている「教育学部」の活気あふれる姿を取材しました。

（取材／SE企画）

東京駅から常磐線の快速電車で40分、大学の最寄り駅「柏」に到着します。「千葉の渋谷」といわれているだけあって、駅を降りると多くの若者たちの姿が目に入ります。駅からはバスに乗って「柏学園」で下車、3分歩くと緑の森のなかに、落ち着いたたたずまいのキャンパスが見えてきます。そこが開智国際大学です。

探究型教育が魅力の「教育学部」を新設

来年度新設の教育学部の詳細について、まず、心理学がご専門の柴原宜幸副学長にうかがうことにしました。

「一番の特色は開智学園が小学校、中学校、高等学校で実践してきた『探究教育』を軸にして、学生が主体的に学ぶ探究型の授業を多く採り入れていることです。

文部科学省は小学校、中学校、高等学校で、アクティブ・ラーニングの授業を行うことを計画していますが、開智国際大学の授業は探究型の質の高いアクティブ・ラーニングをすでに実践してきていますから、教師になってからの授業で、生きて使えるアクティブラーニングを大学時代から学ぶことができます。

また、ICTを活用した授業を多く行うために、電子黒板と学生が授業で使用するノートパソコンを用意しています。

そして、教育学部でも大学1年のときには90分の英語の授業を週4回行います。これからの教師は社会でも職場でも英語が必要になってくることでしょう。そのときのために開智国際大メソッドで『使える英語』を学んでもらいます」と柴原副学長は熱く語ってくれました。

大学1年生から学校インターンシップや教員採用試験対策講座実施

教育学部の学生は、大学1年生から併設の開智小学校、開智望小学校、開智中学・高等学校、開智日本橋学園中学・高等学校（高等学校は平成30年度より開智日本橋学園に名称変更の予定）で学校インターンシップを行います。

これらの学校はいずれも21世紀型の教育を取り入れ、メディアでもしばしば紹介されるなど、首都圏で注目されている学校です。ここでの教育体験は、教師になったのち得難い財産となるはずです。

さらに、開智国際大学では大学1年生から教員採用試験講座を授業以外に実施しています。

この講座の講師陣は、教育委員会のOBや小学、中学、高等学校の校長経験者、教員採用担当経験者など公立学校の教員採用にかかわってきた先生方です。

開智国際大学には、21世紀型の教師になるためのすべての学びがしっかりと準備されています。ここからたくさんの心ある教師が育ってい

くことでしょう。今後がますます楽しみな開智国際大学です。

教授陣は全国から集った国立大教育学部の前教授や公立学校校長経験者

新しい21世紀型教育を学ぶことのできる開智国際大学の教授陣は、九州大学や東京学芸大学、千葉大学、茨城大学などの教育学部前教授や公立学校の校長経験者などベテランが多く多彩です。

しかも、教育学部の定員は初等教育（小学校）48名、中等教育（中学・高校国語、英語）24名と少人数です。

このため、多くの授業が、24名前後の少人数制で学生が自ら考え、ディスカッションし発表するなど、21世紀型の学びで推進されることになります。

国立大の授業料より低額な特待制度

開智国際大学の受験生にとって魅力的なのが特待制度です。

開智国際大学の「特待選考」は、受験生の3名に1名が国立大学の授業料より低額となる特待生に合格するチャンスがある制度です。しかも特待選考は2回あります。

また、開智国際大学の受験料は何回受けても2万円です。

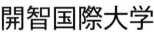

大学の、受験生をサポートしようという姿勢が前面に打ちだされています。

開智国際大学・入学試験実施日程（教育学部・国際教養学部）

入試形式		試験日	出願期間	合格発表
AO入試	後期	12月17日(土)	11月 1日(火)～12月15日(木)	12月20日(火)
公募推薦入試（特待選考含む）	前期Ⅰ期	11月19日(土)	11月 1日(火)～11月17日(木)	11月22日(火)
	前期Ⅱ期	12月17日(土)	11月 1日(火)～12月15日(木)	12月20日(火)
	後期	3月18日(土)	1月10日(火)～3月16日(木)	3月21日(火)
特待入試	前期	12月17日(土)	11月 1日(火)～12月15日(木)	12月20日(火)
	後期	1月28日(土)	1月10日(火)～1月23日(月)	2月 3日(金)
一般入試	前期	1月28日(土)	1月10日(火)～1月23日(月)	2月 3日(金)
	後期Ⅰ期	2月24日(金)	1月10日(火)～2月21日(火)	3月 3日(金)
	後期Ⅱ期	3月18日(土)	1月10日(火)～3月16日(木)	3月21日(火)
大学入試センター試験利用入試	前期	大学独自の試験は行いません	1月10日(火)～2月10日(金)	2月14日(火)
	後期		2月10日(金)～3月10日(金)	3月14日(火)

※大学入試センター試験は平成29年（2017年）1月14日・15日です。

センター試験利用入試の受験料は1000円

また、センター試験利用入試（特待選考）も、受験生に手厚い制度となっています。国語、英語、他の1科目の合計点が6割以上であれば、これも国立大学の授業料より低額の特待生に合格することができるのです。

しかも、センター試験利用入試は、受験料1000円というから驚きです。まさに、受験生に優しい制度といえます。

詳しくは開智国際大学のホームページで「特待制度」をクリックしてほしいのですが、これらの特待制度のうちS特待は、入学後原則4年間継続です。最上位の「S1特待」であれば、4年間合わせて学費は30万円と、まさにご家庭に優しい制度となっています。

優れた教師陣と21世紀型の教育を推進する開智国際大学の教育学部。まさにパワーと情熱いっぱいの学部新設です。今後ますます注目されることは間違いがありません。

（次回は開智国際大学の国際教養学部を取材する予定です）

オープンキャンパス

申込不要・入退場自由

11/14(月) 埼玉県民の日 13:00-16:00

11/20(日) 10:00-16:00

12/18(日) 10:00-13:00

授業体験・個別相談・キャンパスツアーなど

■問い合わせ
アドミッションセンター
Tel. 04-7167-8655
E-mail. admission@kaichi.ac.jp

開智国際大学

〒277-0005 千葉県柏市柏1225-6
URL: http://www.kaichi.ac.jp

LINE　大学HP

■最寄り駅
JR常磐線・東武アーバンパークライン「柏」駅

■併設校
開智小学校・中学校・高等学校、開智未来中学校・高等学校、開智日本橋学園中学校・高等学校（現・日本橋女学館高等学校）、開智望小学校

私の時間は始まっている

特別進学類型

国公立大学や早慶上理などの最難関私立大学への現役合格を目指す類型です。1年次から3年次までの3年間、国公立大の6教科8科目の受験に対応するため、週4日7時間授業を実施しています。1年次は、生徒一人ひとりの個性や適性を見極め、将来どんな職業に就きたいのかをイメージさせていきます。その上で、学部や学科の選択ができるような指導を徹底して行います。2年次は、文系・理系別のクラス編成を行うとともに、目標とする志望大学を選択させ、受験へのモチベーションを高めていきます。3年次の1学期までに教科書を終了させます。それ以降は、科目選択を行うと同時に、現役合格を目指して基礎固めと、実践力を身につけながら受験本番に備えます。

▍主な進学先▍ 北海道・東京学芸・電気通信・首都大東京・千葉・茨城・群馬・慶應義塾など

現役合格率 93.6% 大学進学率 84.5%

選抜進学類型

GMARCHなど難関私立大学への現役合格を目指す類型です。1年次と2年次は、週4日7時間授業が設定されています。主要科目を中心に、体系的で効果的な学習により、基礎基本を徹底的に身につけながら、学力を高めていきます。2年次から、文系・理系に分かれます。理系では数学への理解度を深めるために、習熟度別の授業を展開します。また、夏休みや冬休みの長期休暇中は、「集中授業」や有名予備校の講師による「スーパー特別講座」などを行い、論理的に物事を組み立てられる能力や思考力を養い、志望大学や学部に現役で合格のできる学力を育んでいきます。3年次の1学期までに教科書を終了させます。その後は応用問題などに徹底的に取り組みながら、志望する難関私立大学合格を目指します。

▍主な進学先▍ 上智・学習院・明治・青山学院・中央・法政・明治学院・武蔵・獨協・國學院など

現役合格率 97.5% 大学進学率 88.8%

普通進学類型

学校行事・生徒会・部活動などに積極的に参加しながら現役合格を目指す生徒をしっかりと支えるカリキュラムが設定されている類型です。1年次は、国数英を中心に、学んだことが定着しているかを丁寧に確認しながら授業を進めていきます。2年次は文系・理系別に授業を展開します。また、系統別に区分されたカリキュラムを踏まえながら、自分が将来なりたい職業をイメージさせ、そのためには、どの大学やどの学部・学科が最適なのかを選択させるなどの進路指導を実施します。3年次は夏休みや冬休みの長期休暇を利用して演習講座が行われます。講座を通して、得意科目のさらなる飛躍、苦手な科目や課題の克服などに集中して取り組みながら、大学受験に対応できる実力をバランスよく身につけ、現役合格を目指します。

▍主な進学先▍ 明治・青山学院・法政・成城・成蹊・明治学院・武蔵・獨協・國學院など

大学進学希望者の現役合格率 94.6% 大学進学率 90.8%

学校説明会・個別相談

①校舎・施設見学 ②全体会開始

11月19日〔土〕 ①14:00 ②14:30　11月26日〔土〕 ①14:00 ②14:30

※個別相談は全体会（約1時間）終了後、希望制で行います。 ※事前の予約は必要ありません。

体験入学・個別相談（要予約）

①校舎・施設見学 ②全体会開始

11月20日〔日〕 ①14:00 ②14:30　12月 4 日〔日〕 ①14:00 ②14:30

11月27日〔日〕 ①14:00 ②14:30　12月10日〔土〕 ① 9:30 ②10:00

12月 3 日〔土〕 ①14:00 ②14:30

※予約は、希望日と類型を電話にてお申し込み下さい。TEL03-3988-5511（平日9時～17時）
　または、学校説明会当日の全体会終了後に予約できます。
※個別相談は全体会（約2時間）終了後、希望制で行います。

今春の大学合格実績

国公立大学	17	北海道・東京学芸・電気通信 2・首都大東京・千葉・茨城 2 他
早慶上理	7	慶應義塾・上智 3・東京理科 3
GMARCH	88	学習院 10・明治 11・青山学院 10・立教 7 中央 15・法政 35
成・成・明学・武・獨・國	77	成城 8・成蹊 12・明治学院 11・武蔵 8・獨協 22 國學院 16
日東駒専	177	日本 53・東洋 75・駒澤 29・専修 20

TOSHIMA GAKUIN

学校法人 豊昭学園
豊島学院高等学校
併設/東京交通短期大学・昭和鉄道高等学校

〒170-0011 東京都豊島区池袋本町2-10-1 TEL.03-3988-5511（代表）
最寄駅：池袋／JR・西武池袋線・丸ノ内線・有楽町線 徒歩15分 副都心線 C6出口 徒歩12分
北池袋／東武東上線 徒歩7分　板橋区役所前／都営三田線 徒歩15分

http://www.hosho.ac.jp/toshima.htm

Bungou Retsuden

第25回

古今文豪列伝

北《きた》 杜《もり》 夫《お》

Morio Kita

北杜夫は本名、斎藤宗吉《さいとうそうきち》。１９２７年（昭和2年）5月、医師で歌人の斎藤茂吉の次男として東京で生まれた。茂吉は短歌誌『アララギ』の中心的歌人で、近代短歌の大御所。北は反発しつつも大きな影響を受けたとされる。また、兄の斎藤茂太も医師でエッセイスト。娘の斎藤由香もエッセイストだ。いわば文学と医学の一家に生まれたということだね。

麻布中学校（現・麻布中高）に入学し、昆虫採集に夢中になったこともある。

昆虫学者をめざして、長野県松本市の旧制松本高等学校に入学、多感な寮生活を送ったんだ。

文学に出会い、作家を志すようになったのもこのころだといわれる。

１９４７年（昭和22年）、父の厳命で東北大医学部に入学、小説を書き始めた。

卒業後は東京に戻って、慶應義塾大の医局に入り、精神科医として勤務しながら小説を書いた。『文芸首都』に連載した『幽霊』がデビュー作といえるだろう。

その後、水産庁の漁業調査船に船医として乗り組み、インド洋、大西洋を航行し、この体験をユーモアたっぷりに書いた随筆『どくとるマンボウ航海記』を１９６０年（昭和35年）に出版すると、これがベストセラーとなり、一躍有名作家の仲間入りを果たした。また、同年にはナチスドイツによる精神病者の殺害に抵抗する医師の姿を描いた『夜と霧の隅で』で芥川賞を受賞した。

１９６４年（昭和39年）には、斎藤家をモデルにした大河小説『楡家《にれけ》の人々』で毎日出版文化賞を受賞。

１９８６年（昭和61年）には『輝ける碧き空の下で』で日本文学大賞を受賞した。

北は自身が精神科医でありながら躁《そう》うつ病を患い、自分の病気を小説にしたり、投資に失敗して借金漬けになった経験を小説にしたりもした。

１９９６年（平成8年）には日本芸術院会員になっている。2年後、父、茂吉の評伝4部作を出版し、大佛次郎賞を受けている。

２０１１年（平成23年）10月、体調を崩して入院したが、そのまま亡くなった。腸閉塞といわれているが、詳しいことはわかっていない。84歳だった。

今月の名作

北 杜夫

『どくとるマンボウ青春記』

『どくとるマンボウ青春記』
550円＋税
新潮文庫

麻布中学校入学前後から、東北大医学部時代までの約10年間を描いた随筆。とくに実家のある東京を離れ、旧制松本高校での寮生活は、いきいきとユーモアたっぷりに書かれている。高校や大学受験の裏話や失敗談も楽しい。

ミステリーハンターQの

歴男歴女養成講座

山本 勇

中学3年生。幼稚園のころにテレビの大河ドラマを見て、歴史にはまる。将来は大河ドラマに出たいと思っている。あこがれは織田信長。最近のマイブームは仏像鑑賞。好きな芸能人はみうらじゅん。

春日 静

中学1年生。カバンのなかにはつねに、読みかけの歴史小説が入っている根っからの歴女。あこがれは坂本龍馬。特技は年号の暗記のための語呂合わせを作ること。好きな芸能人は福山雅治。

ミステリーハンターQ（略してMQ）

米テキサス州出身。某有名エジプト学者の弟子。1980年代より気鋭の考古学者として注目されつつあるが本名はだれも知らない。日本の歴史について探る画期的な著書『歴史を掘る』の発刊準備を進めている。

大和朝廷

今回のテーマは、日本最初の政権、大和朝廷だ。邪馬台国との関係は学説が分かれているので注意しよう。

勇 日本で最初の政権は大和朝廷による大和王権って聞いたけどそうなの?

MQ 3、4世紀ごろから7世紀ごろまでの政権だね。邪馬台国との関係をどう考えるかが難しいんだ。

静 邪馬台国と大和朝廷は関係あるの?

MQ 邪馬台国については、近畿地方にあったという畿内説と、九州地方にあったという九州説とがあり対立しているんだ。それ以外にも、もともとは九州にあったけど、のちに近畿に移ったという東遷《とうせん》説というのもあるんだ。

畿内説なら邪馬台国は大和朝廷のことといえる。

勇 畿内説だと大和朝廷は何世紀にできたことになるの?

MQ 魏志倭人伝《ぎしわじんでん》によれば、邪馬台国は3世紀ごろの政権だから、畿内説だと3世紀だ。九州説だと邪馬台国と大和朝廷は別だから、4世紀ということになる。

静 学説が分かれてるとなんだかややこしいのね。大和朝廷はどういう政権だったの?

MQ それまでの小国分立から連合制に発展した政権だ。畿内、とくに現在の奈良県が主で、皇室を中心に各豪族が連合して成立した政権といえるね。

勇 具体的にはどんなことをした政権なの?

MQ 近畿地方での税の取り立てや、軍事力の維持、都の建設も行われた。地方は地方豪族に治めさせ、朝廷へ貢ぎ物を納めさせたんだ。

静 古墳も大和朝廷が作ったの?

MQ 古墳は弥生時代からあったけど、巨大な前方後円墳が作られ、古墳時代と呼ばれるのはまさに大和朝廷の時代だ。

勇 大陸や朝鮮半島とはどういう関係だったの?

MQ 朝鮮半島の高句麗《こうくり》が南下して百済《くだら》を脅かしたことから、大和朝廷は出兵して高句麗と戦ったという記録もある。朝鮮半島から多くの渡来人が技術を伝えたのもこの時期だ。また、大陸の書物には「倭《わ》の五王」の記載があって、大和朝廷と大陸の王朝との間に交流があったことがわかっているよ。

静 大和朝廷はどうなっていくの?

MQ 7世紀の前半には仏教を中心とした飛鳥文化が花開き、聖徳太子の政治が行われたりもした。やがて大化の改新があって豪族が姿を消し、天皇を中心とした奈良時代へと移っていくんだ。

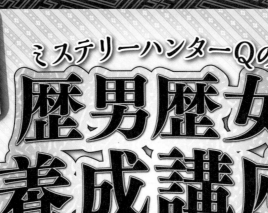

あれも日本語 これも日本語

NIHONGO COLUMN NO.82

「水」の入った慣用句 上

今月からは2回に分けて「水」の入った慣用句についてみてみるよ。

「水の泡」。水の上に浮かんでいる泡はすぐに消えてしまうよね。そこからはかないもののたとえとされ、さらには努力がムダになることをさすようになった。「リレーの選手として練習したのに、体育祭が台風で中止になった。努力が水の泡だ」なんて使う。

「水と油」は混じりあわない。そこから相反するもの、仲が悪い者、敵味方のことをいうようになったんだ。「A君の意見にB君はいつも反対する。2人は水と油だ」なんて感じかな。

「水を差す」は熱い風呂や熱々の料理に水を入れて冷ましてしまうことから、順調にいっていることを邪魔することをいうんだ。「みんなが文化祭の準備をしているのに、文化祭やめろなんて水を差す発言をするな」とかね。

「立て板に水」。立てかけてある板に水を流すと淀みなく流れていくよね。そのようにすらすらと淀みなくしゃべることだ。「弁論大会で優勝したC君のしゃべりはまさに立て板に水だった」って感じで使用する。

「水くさい」は料理や酒が水っぽくてまずいことから、よそよそしく他人行儀であることをさすんだ。「親友なのに遠慮するなんて水くさいよ」というふうに使う。

「カラスの行水《ぎょうずい》」。行水はたらいに水を張って身体を洗うこと。カラスは川などの水をささっと羽にかけて簡単に済ますことから、ちゃんと身体を洗わないことをいうようになったんだ。「お風呂に入ったらしっかり洗いなさい。カラスの行水はだめよ」なんてお母さんに叱られないように。

「魚心《うおごころ》あれば水心《みずごころ》」。魚は水がほしいし、水としては魚にいてほしい、ということから、相手が好意を示したら、こちらも好意を示すということ。これだけしてあげたんだから見返りを、という意味でも使われるよ。

「背水《はいすい》の陣」は川を背にして陣を敷くこと。後ろは川だから逃げられない。切羽詰まった状態でことに臨むという意味だ。「ぼくは第1志望しか受けない。背水の陣だ」となると真剣だね。「退路を断つ」も同じ意味だよ。

特別進学クラス　大進選抜クラス　大学進学クラス

保善高等学校

学習とクラブの両立で
大学進学を実現する単独男子校

2016年
学校説明会と施設見学
個別受験相談会

交通アクセス

高田馬場駅より　徒歩8分
- JR山手線
- 西武新宿線
- 東京メトロ東西線

西早稲田駅より　徒歩7分
- 東京メトロ副都心線

西武池袋線・東武東上線・東急東横線・みなとみらい線が相互乗り入れ運転

〒169-0072 東京都新宿区大久保3丁目6番2号

資料請求

入試広報部 フリーダイヤル

0120-8《走》4《れ》5《高》5《校》3《見》2《に》

保善高校　検索　スマートフォンでもご覧頂けます　hozen.ed.jp

学校説明会と施設見学

10:00開会（個別受験相談会は施設見学後、11:30頃から受付番号順に承ります）

11/19(土)　11/26(土)　12/3(土)

受験生と保護者の個別受験相談会

11/27(日)　12/4(日)　12/10(土)　12/17(土)　10:00〜15:00

12/5(月)〜12/9(金)　15:00〜18:00

サクニュー! ニュースを入手しろ!

Success News

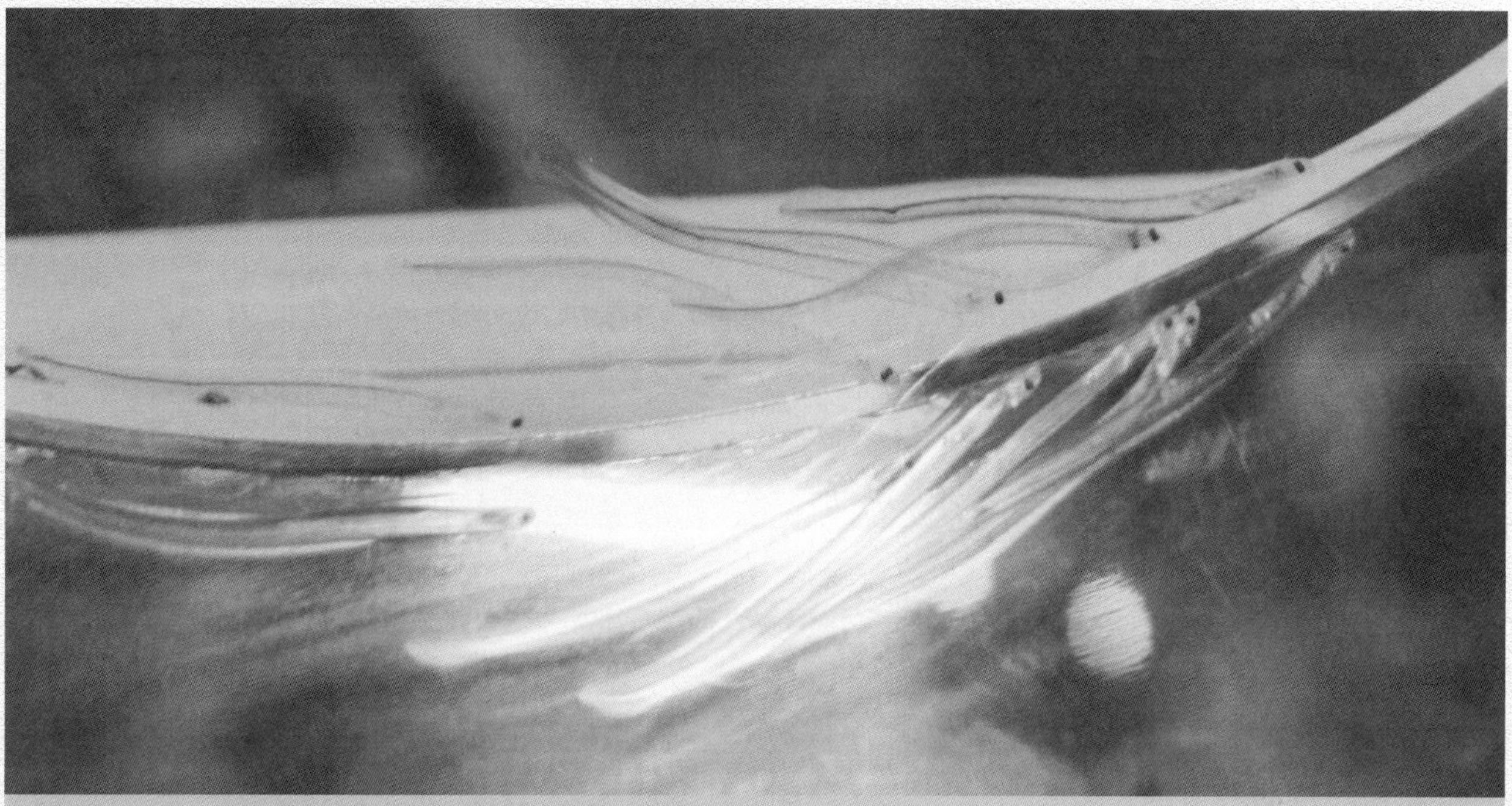

▲PHOTO ニホンウナギの稚魚・シラスウナギ（静岡県南伊豆町・水産総合研究センター南伊豆庁舎）写真：時事

今月のKeyword▼

ウナギ取引実態調査へ

南アフリカのヨハネスブルグで開かれていたワシントン条約の締約国会議は10月、欧州連合（EU）が提案していたウナギの国際取引に関する実態調査を求める決議を賛成多数で承認しました。

実態調査の結果、ウナギの漁獲量や取引に問題があるとされると、3年後に予定されている次の同会議で、ウナギの取引が大きく規制される恐れが出ます。そうなると世界で漁獲されるウナギの7割を消費している日本は大きな打撃を受けることになります。

ワシントン条約は、1973年に絶滅の恐れのある動植物を保護するために、国際取引を規制する目的で締結され、日本は1980年に批准しました。現在の締約国は181カ国にのぼります。

ウナギは世界に19種類ありますが、日本で消費されるウナギのほとんどはニホンウナギです。しかし、ニホンウナギの稚魚であるシラスウナギの国内での今年の漁獲量は13.6tで、1983年の31tに比べると半分以下にまで落ち込んでいます。これは乱獲や環境悪化が原因とされています。

国内でのウナギの消費量は年々拡大し、1980年代にはヨーロッパのヨーロッパウナギを日本にも輸入するようになりました。しかし、このため、ヨーロッパウナギは激減し、絶滅寸前となり、2009年のワシントン条約で国際取引が規制されてしまいました。

一方で1948年に設立された日本を含む世界85カ国の政府と各国の自然保護団体、科学者らで作る自然保護機関である国際自然保護連合（IUCN）は2014年6月、ニホンウナギを絶滅の恐れのある「絶滅危惧種」に指定し、「レッドリスト」に掲載しました。IUCNの指定には法的拘束力はないため、ただちにニホンウナギが漁獲制限されたりすることはありませんでしたが、日本では衝撃が走りました。

今回のEUの提案は将来絶滅が心配されているウナギの国際的な流通を規制する狙いがあるものとみられています。

日本におけるウナギの漁獲量が激減していることは間違いないので、政府は韓国や台湾、さらには中国からの輸入を拡大する方針をとってきました。今回は国際取引が対象となるので、政府はこれらの国々と資源管理のための協議を行う方針です。さらに、東南アジアなどに生息するニホンウナギ以外のウナギの輸入を促進し、国内での環境整備も含めてシラスウナギの養殖にも力を入れる方針です。

サクセス書評 12月号

今月の1冊 『嘘つきアーニャの真っ赤な真実』

激動の時代に出会った3人の友人は、いま、どうしているのか

2006年（平成18年）に56歳の若さでこの世を去った作家の米原万里。ロシア語の同時通訳としての経験をもとに書いた『不実な美女か貞淑な醜女か』などで注目されると、今回紹介するノンフィクション『嘘つきアーニャの真っ赤な真実』で大宅壮一ノンフィクション賞を受賞した。

この『嘘つきアーニャ〜』は、著者が9歳から14歳までを過ごした共産主義政権時代のチェコ（当時チェコスロバキア、なぜチェコに米原一家が滞在していたのかは紙幅の都合で割愛するので、ぜひ自分で読んでみてほしい）の首都プラハにあった在プラハ・ソビエト学校で出会った3人の友人―ギリシャ人のリッツァ、ルーマニア人のアーニャ、旧ユーゴスラビア出身のヤスミンカ―との当時の思い出を語りつつ、著者がその後の消息を訪ねていく物語だ。

初めに登場するのが、ギリシャ人のリッツァで、父親が当時のギリシャ軍事政権による弾圧を逃れて亡命してきていた。それもリッツァが生まれる前の話で、彼女自身はルーマニアで生まれ、5歳のときにチェコへと移住してきた。

にもかかわらず、著者に対して口癖のように、ギリシャの空のことを「それは抜けるように青いのよ」と誇らしげに語る。もちろん、ギリシャに足を踏み入れたことは一度もない。それだけまだ見ぬ祖国への憧れの気持ちが強いのだ。そんな彼女との日々が、みずみずしく語られる。

そして、舞台は現代へと移り、著者はかつての友人たちとコンタクトを取るべく、現地へと足を運ぶ。いまと違い、当時はインターネットなどなく、さらに共産主義社会が崩壊したことで、東ヨーロッパの情勢は激変、連絡先も定かではない。そんななかで、果たして再会することができるのか…。

みんなにとっては、1950〜60年代の共産主義社会の話といってもなかなかピンとこないだろうから、初めはシチュエーションの理解が難しいかもしれないけれど、文章自体はとても読みやすいし、その当時の世界の情勢を知る勉強にもなる優れた1冊だ。

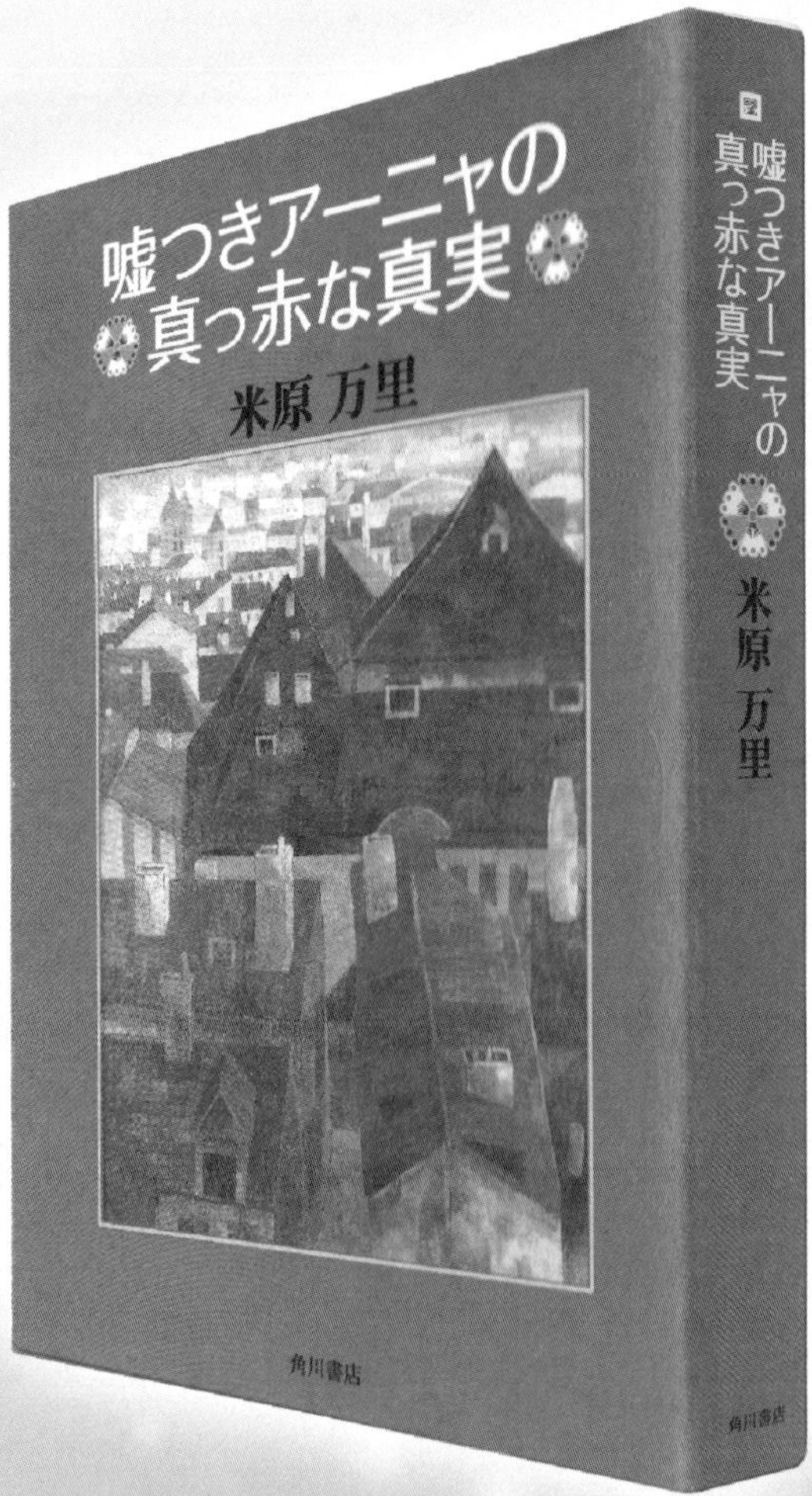

『嘘つきアーニャの真っ赤な真実』
著／米原 万里
価格／560円＋税
刊行／角川書店

サクセスシネマ

SUCCESS CINEMA

VOL.82

仲間とともにめざす夢

風が強く吹いている

日本／2009年
監督:大森寿美男

『風が強く吹いている』
販売元:バンダイビジュアル
価格:4,800円＋税
©2009「風が強く吹いている」製作委員会

箱根駅伝をめざす10人の物語

お正月の風物詩である箱根駅伝。日本中から注目され、長距離を走る学生であれば多くの人が憧れる夢の舞台です。そんな箱根駅伝をめざす大学生の物語。原作は三浦しをんの同名小説です。

ハイジ（清瀬灰二）は大学４年生。陸上の才能を持ちながらも、以前足を故障し、ランナーへの夢を諦めていました。そんなハイジが天才的な走りをみせる同じ大学の１年生・カケル（蔵原走《かける》）に出会います。これをきっかけにハイジは箱根駅伝をめざすことに。メンバーはハイジ、カケル、そして同じ寮で暮らす８人です。しかし、この８人、クイズマニアやマンガオタクなど、陸上の才能があるとは思えない面々。さてどうなるのでしょう。

最初はトラブルが絶えない彼らの挑戦でしたが、時間を重ねるごとに気持ちが１つになっていく様子が力強く描かれています。それぞれの想いを胸に挑むレースシーンは臨場感たっぷり。仲間とともに目標に挑み、努力し続けることの大切さを教えてくれる映画です。彼らが懸命に走る姿から、爽やかな風を感じることができるでしょう。

遠い空の向こうに

アメリカ／2000年
監督:ジョー・ジョンストン

『遠い空の向こうに』
DVD 1,429円＋税
発売元:NBCユニバーサル・エンターテイメント

ロケットに夢を乗せた青年の実話

NASAの元エンジニアであるホーマー・ヒッカムの自伝を映画化した作品。ロシアが世界初の人工衛星を打ち上げ、大きな話題となっていた1957年の話です。

ホーマーはアメリカに住む高校生。彼の住む町には炭鉱があり、ホーマーの父も含め、多くの人が炭鉱で働いています。ある日、ホーマーはロシアによる世界初の人工衛星が空を横切るのを目にします。そして、その美しさに心を奪われ、友人たちとロケットを作り始めます。

ロケットが爆発したり、あらぬ方向に飛んだりと、失敗続きでも諦めないホーマーたちの熱い思いがストレートに胸に響いてきます。それぞれが知恵を絞り、協力してロケット制作の夢に向かい、さらに深くなる彼らの友情も素敵です。しかしその一方で、息子にも炭鉱で働いてほしいと願い、息子の夢を応援できずにいるホーマーの父の心の葛藤も感じられます。どの登場人物も魅力的でそれぞれに感情移入できることでしょう。

実話ならではの説得力を持ち「夢をみることのすばらしさ」や「努力すれば夢はかなう」ことを感じさせてくれます。

スマイル　聖夜の奇跡

日本／2007年
監督:陣内孝則

『スマイル 聖夜の奇跡』
発売元:フジテレビジョン
販売元:ポニーキャニオン
価格:DVD 3,800円（本体）＋税
©2007 フジテレビジョン/日本映画衛星放送/東宝/電通

弱小チームと素人監督の戦い

少年アイスホッケーチームが素人監督とともに勝利をめざすスポーツ映画。

主人公の修平は元タップダンサー。ケガによりプロへの夢を諦め、恋人・静華のいる北海道で教師をすることに。そして、ひょんなことから、教師のかたわら少年アイスホッケーチームの監督に就任します。この日からアイスホッケーの経験などまるでない修平と、これまで全戦全敗で試合で勝つのは夢のまた夢という弱小チーム「スマイラーズ」の勝利に向けた戦いが始まります。

大学時代に学んだ児童心理学の知識とタップダンスで磨いたリズム感を活かした修平のユニークな戦法を楽しめるとともに、迫力満点の試合シーンも見どころ。じつは「スマイラーズ」のメンバーは子役ではなく、アイスホッケーのジュニア代表チームの子どもたちが演じたのです。ですから練習を重ね徐々に強くなっていくメンバーたちのプレーは見ごたえがあります。

また、雪のなかでの練習シーンや小学生のほほえましいデートシーンなどで、美しい北海道の冬景色も楽しめます。

MEISEI

MGSクラスの始動 !!

明星高等学校は本年度より
難関国公立・私立大への進学を目指す生徒を対象とした
MGS〔Meisei Global Science〕クラスを設置しました。

学校説明会 予約不要

第4回 **11月19日**(土) 14:00～
[入試傾向・個別相談]

第5回 **11月26日**(土) 14:00～
[個別相談会]

第6回 **12月 4日**(日) 10:00～
[個別相談会]

学校見学

月～金曜日 9:00～16:00
土曜日 9:00～14:00

※日曜・祝日はお休みです。
※事前にご予約のうえご来校ください。

入試概要

推薦入試 ＊本科、MGS
募集人員 約75名(本科、MGS合わせて)
入試科目 作文・面接
試験日 **1月22日**(日)
発表日 **1月22日**(日)

一般入試

第1回
募集人員 本科約65名、MGS約30名
入試科目 国語・数学・英語・面接
試験日 **2月10日**(金)
発表日 **2月11日**(祝)

第2回
募集人員 本科約10名、MGS若干名
入試科目 国語・数学・英語・面接
試験日 **2月12日**(日)
発表日 **2月12日**(日)

ご予約、お問い合わせは入学広報室まで TEL.FAX.メールで どうぞ

平成28年度
MGSクラス設置

MEISEI

明星高等学校

〒183-8531 東京都府中市栄町１－１ 入学広報室

TEL 042-368-5201(直通) FAX 042-368-5872(直通) http://www.meisei.ac.jp/hs/ E-mail pass@pr.meisei.ac.jp

交通／京王線「府中駅」、ＪＲ中央線／西武線「国分寺駅」より徒歩約 20 分 またはバス(両駅とも 2 番乗場)約 7 分「明星学苑」下車／ＪＲ武蔵野線「北府中駅」より徒歩約15分

なんとなく得した気分になる話

先生　生徒

身の回りにある、
知っていると勉強の役に立つかも
しれない知識をお届け!!

「反対語」は案外難しい!?

先生、反対語のことで聞きたいことがあるんだけど。

なにの反対語？

「木」。

えっ？　なんだって？　木？

木材の木。木の反対ってなんだろうって急に思ってさ。

形容詞に反対語は多いけど、名詞だと難しいなあ…。わからん！

確かに形容詞なら反対語は多いね。

じゃあ、「新しい」の反対は？

「古い」。

「甘い」の反対は？

「辛い」。

「苦い」は？

えっ？　そっか。甘いの反対は辛いも苦いもあるんだね。

そうなんだ。反対語は必ずしも１つとは限らないんだよ。

ほかに、反対語を２つ持つ言葉ってなにがあるかな？

「音読」の反対語は？

「訓読」。でももう１つあるんだよね？

そう。

なんだろう??　音読の反対、訓読以外…。

「黙読」だよ。

それは難しい！

じゃあ、「うまい」の反対は？

「下手」…。あっ、「まずい」もあるね。

気づくようになったじゃないか。

せっかくだから、もう少し出してほしいな。

よーし、「現在」の反対は？

「過去」。

それだけ？

現在の反対だから…やっぱり過去じゃない？

「未来」もある。

それずるいよ。反対って感じがしないなあ…。ただ時制が１つずれただけじゃん。

まあ、そうとも言える。じゃあ仕切り直して、「借りる」の反対は？

「返す」。「貸す」もある！

そう。貸し借りっていうもんね。

それにしても、２つの反対語がある言葉って結構たくさんあるんだね。

ちょっと待って。いまスマホで調べてるんだけど…。あったあった、「削除」の反対っていくつ言える??

削除の反対？　取り去るの反対だから、付け加える…、「付加」だ。

正解！　なんだけど、なんと削除の反対語には「付加」、「増加」、「追加」、「増補」などがあるんだ。

そんなに？　反対語は勉強になるね。

色々な言葉で漢字も覚えられるしね。

数学も色々解法があるよね。

そう。さまざまな解法で頭のなかがどんどん広がっていく。

人生も色々だよね。

まだそんなに長く生きてないのにそんなこと言うんだあ（笑）。

だって先生を見てると、色々なことを知っている割には…。頭のなかが広がりすぎて中途半端なんじゃない？

キミに言われたくないけど、事実だけにショック！

チーン…。

高校受験 ここが知りたい Q&A

Question & Answer

Q

時間を有効に使うコツを教えてください。

「勉強しよう」という気持ちは十分にあるのですが、いつもなにをしていいのか迷っているうちに、いつの間にか時間が過ぎてしまいます。時間を有効に使ういい方法はありませんか？

（東京都多摩市・中２・TI）

A

やるべきことを書き出し 1つひとつこなしていこう

「やる気はあるけれど、効果的な時間の使い方がわからず、どうもうまくいかない」という悩みは、受験生に限らず、社会人にも共通する悩みなのかもしれません。

時間はだれにでも平等に与えられているもので、１日24時間はどんな人も変えることができません。しかも、睡眠や食事、学校や仕事の時間などを考えると、自由に使える時間は限定されてしまいます。

ですから、限られた時間を有効活用するには「いま自分がなにをすべきか」を明確に把握していることが大事だと思います。高校受験を控えるみなさんは「勉強」を第一に考えていることでしょう。「勉強しよう」という気持ちはあるのですから、「なにを、どう勉強するか」をはっきりさせる工夫をしていきましょう。そのために細かな計画を立ててもいいのですが、計画を立てることだけに注力してしまい、肝心の勉強がおろそかになってしまうという事態も生じがちです。

そこでおすすめしたいのが「やるべきことをリストにして書き出す」という方法です。ノートでなく普通の紙でかまいませんので、「いまやるべきこと、やりたいこと」を箇条書きで思いつくまま書いておきます。そして、それをやったら傍線を引いて消していきます。意外にもこの消す作業が快感となり、次々にやるべきことをこなすことができます。ぜひ試してみてください。

Success Ranking

都道府県の面積ランキング

みんな、日本の面積を知っているかな。社会で習って覚えているかもしれないね。37万7972㎢だ。では、各都道府県はそれぞれどれくらいの広さかわかるだろうか。全都道府県の面積を広い順に見ていこう。

面積が広い都道府県ランキング

順位	都道府県	面積（㎢）
1	**北海道**	8万3424
2	岩手県	1万5275
3	福島県	1万3784
4	長野県	1万3562
5	新潟県	1万2584
6	秋田県	1万1638
7	岐阜県	1万621
8	青森県	9645
9	山形県	9323
10	鹿児島県	9188
11	広島県	8479
12	兵庫県	8401
13	静岡県	7779
14	宮崎県	7735
15	熊本県	7409
16	宮城県	7282
17	岡山県	7115
18	高知県	7104
19	島根県	6708
20	栃木県	6408
21	群馬県	6362
22	大分県	6341
23	山口県	6112
24	茨城県	6097
25	三重県	5774
26	愛媛県	5676
27	愛知県	5172
28	千葉県	5158
29	福岡県	4986
30	和歌山県	4725
31	京都府	4612
32	山梨県	4465
33	富山県	4248
34	福井県	4190
35	石川県	4186
36	徳島県	4147
37	長崎県	4132
38	滋賀県	4017
39	埼玉県	3798
40	奈良県	3691
41	鳥取県	3507
42	佐賀県	2441
43	神奈川県	2416
44	沖縄県	2281
45	東京都	2191
46	大阪府	1905
47	香川県	1877

※出典：総務省統計局刊行「統計でみる都道府県のすがた2016」
※単位未満を四捨五入

グローバル教育出版の本

新刊案内

「先生を育て学校を伸ばす」ベテランが教える

生徒を育て、人を育て、そして、自分を育てる 先生のための本

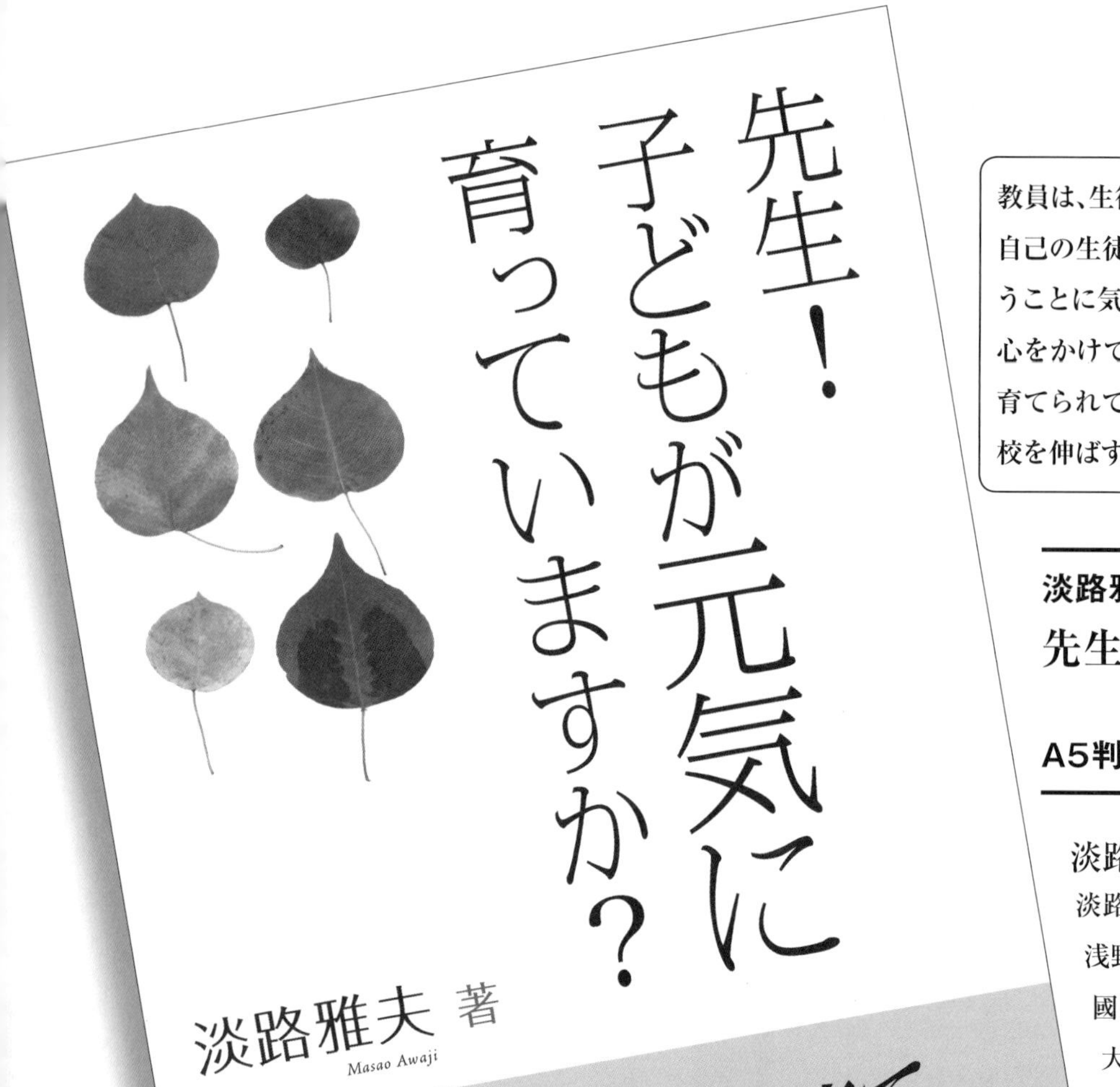
先生！
子どもが元気に
育っていますか？
淡路雅夫 著
Masao Awaji
先生のための
人を育て、自分を育て
学校も伸びる本
グローバル教育出版

学校が伸びる

教員は、生徒に向ける関心こそが、自己の生徒指導の方法を磨いていくのだということに気づくべきです。生徒に「目をかけ、心をかけて」育てていくことで、教員自身も育てられているのです。それがひいては、学校を伸ばすことにつながります……著者

淡路雅夫 著

先生！子どもが元気に育っていますか？

A5判　160ページ　1,500円＋税

淡路雅夫（あわじ・まさお）
淡路子育て支援教育研究所主宰。私立浅野中学・高等学校の前校長。現在は、國學院大學教職特別講師、関東学院大学非常勤講師、東邦大学教職アドバイザーなどを務め、講演・執筆活動を通して私学支援を行う。専門分野は子どもの教育・福祉を中心とした家族・親子問題。

ISBN978-4-86512-058-5

この本は 先生のための「教科書」であり「強化書」である

森上教育研究所 所長 森上展安

http://www.g-ap.com

グローバル教育出版　〒101-0047 東京都千代田区内神田2-4-2 グローバルビル　電話 03-3253-5944　Fax 03-3253-5945

受験情報

Educational Column

15歳の考現学

「学校を選ぶこと」と「教育を選ぶこと」
まずは教育選択を優先すべきなのだが

私立 INSIDE

私立高校受験

マークシート記入の注意点は
まずしっかりと濃く塗ること

公立 CLOSE UP

公立高校受検

出願から入学手続きまで
都立高校受検のポイント

BASIC LECTURE

高校入試の基礎知識

過去問と
模擬試験結果を活用し
ラストスパートをかけよう

大阪

大阪府公立高入試、外部機関の英語資格の活用を公表

大阪府は10月、来春の2017年度（平成29年度）大阪府公立高校入試での、外部機関による英語資格の活用について公表した。

出願方法や学力検査の時間割・配点など、詳細な実施要項を示したうちの一部だが、高校入試で外部機関の英語資格が活用されるのは、本誌が知る限り全国でも初。

学力検査は、来年の3月9日、国語・数学・英語・社会・理科の5教科で行われ、国語・数学・英語においては、A「基礎的問題」・B「標準的問題」・C「発展的問題」から各高校が使用する問題を選択する。

このうち、英語の学力検査では、外部機関が認証した英語力判定テスト（TOEFL、iBT、IELTS、実用英語技能検定が対象）のスコアなどを活用する。府教育委員会が定めるスコアに応じた「読み替え率」により換算した点数と英語の学力検査の点数を比較し、高い方の点数を当該受験者の英語の学力検査の成績とする。

大阪府では今回、公立高校の国際化について、長期にわたり準備を進めたうえでの入試改革を行ったが、この動きは首都圏の高校入試のあり方にも大きな影響を与えそうだ。

埼玉

埼玉県公立高校、入試時の受検生心得を公表

埼玉県教育委員会は10月、2017年度（平成29年度）埼玉県公立高等学校入学者選抜における受検生心得を公表した。

このうち、検査会場に持ち込めるものについて、2017年度から新たに使用を認めるものが2点あるので注目しておきたい（以下の**太字**が新規に認められるもの）

■携行してよいもの

鉛筆（**シャープペンシルも可とする**）、消しゴム、三角定規（**直定規も可とする**）、コンパス、計時機能のみの時計

■携行してはいけないもの

学力検査に必要ないもの、学力検査の公平性を損なうおそれのあるもの（例）下敷き、分度器（もしくは類似機能を持つ文具類）、文字や公式等が記入された定規等、和歌や格言等が印刷された鉛筆等、色鉛筆、蛍光ペン、ボールペン、計算機、計算機能や辞書機能等のある時計、携帯電話等の電子機器類（時計がわりの使用も認めない）。なお、受検票はつねに携行し、検査中は定められた場所に置くこと。

Educational Column

15歳の考現学

「学校を選ぶこと」と「教育を選ぶこと」まずは教育選択を優先すべきなのだが

森上《もりがみ》 展安《のぶやす》

森上教育研究所所長。1953年、岡山県生まれ。早稲田大学卒業。進学塾経営などを経て、1987年に「森上教育研究所」を設立。「受験」をキーワードに幅広く教育問題を扱う。近著に『教育時論』（英潮社）や『入りやすくてお得な学校』『中学受験図鑑』（ともにダイヤモンド社）などがある。教育相談、講演会も実施している。
HP：http://www.morigami.co.jp
Email：morigami@pp.iij4u.or.jp

入試日の重複が起こる日本の入試システム

来年の一般入試は、**開成**と**慶應義塾**、**豊島岡女子学園**と**青山学院**の入試日が重なる、とのこと。

いわば進学難関校と大学附属難関校の組み合わせです。難関同士の両校に併願を考えたくても、いずれかしか選択できない年になってしまうのは少々残念ですね。

しかし、もともと1つの学校にしか行けないのですから、少し早めに学校選択を絞りこめるのだ、と考えればよいかもしれません。

実際の受験状況では各校の受験者数が少なくなり、そのぶん合格者数も少なくなるでしょう。

入試日が重なることのダメージを考えると青山学院高は共学ですので、男子校同士の開成と慶應義塾高よりはダメージは少なくなります。女子校の豊島岡女子学園との重なりは女子だけにとどまりますから。

学校にとって幸いなのは、第1志望者の比率が、より高まることです。そのこと自体はよいことですが、さすがに難関校ばかりですから合格できるかどうかはわからない。合格をできた方に行こう、という受験生も少なくなかったはずです。その意味で、1つの進学希望先があらかじめ対象からはずれるわけです。

推薦入試などの場合は、単願といって、1つの学校にしか入学希望を出せません。これは「成績が一定基準を満たしてさえいれば合格できますよ」という制度です。見方によっては、一種のシバリ、つまり囲い込みにあたっていて、社会的に不公正だ、との考えもあります。

じつは入試日の重なり合いは、当然のようによくあります。例えば入試解禁日には入試が集中します。現実的にその日は、1校以外受験できません。こちらは「ヨーイドン」での募集活動ですから公正な競争といえます。むしろ、抜けがけして早くやるというフライングの入試が起こらないための規制ですね。

公立高校などは都県で入試日が統一されていますから、私立のように複数の入試日程でほかとの競合を避けることにはなっていません。これは公立が、民間である私立の募集に与える影響を極力小さくするための措置という意味合いがあります。

こうした「一斉の入試」は、「一斉の入学」という日本の学校文化の一部です。

入試による選抜ではない学習スコアによる入学も

インターナショナルスクール（ＩＢ）などは親の転勤にともない出入りが頻繁に起こるのが通常のあり方です。したがって大項目のカリキュラムはＩＢＯ（インターナショナルバカロレアオーガナイゼーション）によって基準が示され、共通の過程を共有しています。

つまり途中で、どこの国のどこの学校に行っても共通の学習が継続できるようになっていますし、その学習した単元を次のＩＢの学校でも認めてくれます。そうすることによってスムースな入転学が可能なのです。もちろん、入学について個別の面接はありますが、前校の中学校までの卒業試験のスコアが一定以上であれば入学できる制度です。

日本の場合、大学と同じように、個別に入試をする制度を高校がとっているために、一斉同時にならざるをえない事情があります。

しかし、大学入試制度が変わります。英語がよく話題にのぼりますが英検など外部試験を活用することも検討され、一部で実施されています。

これは高校でも起こりえることで、英語だけは外部試験を活かし、国語と数学だけで受験、ということも出てくる可能性がありますし、将来はすべて外部試験で、そのスコアをもって各学校と面談する、というアメリカの大学入学のようなシステムも考えられるかもしれません。

しかし現実は、入試日によって自動的に学校選択が絞られてしまいます。そうなると入試問題との相性を優先して、より高得点になる学校を選択することになります。それはそれで当を得た入試選択なのですが、学校の教育選択になっているかどうかは保障の限りではありません。

つまり日本の入試による学校選択は教育選択にはなりきらない面がある、という現実を受験生として意識することが当然の備えになります。

したがって教育選択としてならＡ校にしたいが、入試選択ならＢ校だ、という場合に、合格できないのなら致し方ありませんが、この入試選択が偏差値の少々の差でＢ校を選んでしまうことがあれば、これは問題を残すだろう、と思います。

入試を体験することに勝る学校を体験することの意義

教育選択にとって大切なことは、やはり体験です。いま、「入試体験」などという学校説明会もありますが、それよりも「学校体験」こそが実りが大きいので、機会があれば足を運んでみたいものです。

入試体験がだめだというわけではありません。もしその入試体験が受験対象校で実施されるなら、それはそれで意義があります。

というのもその入試問題を材料にして先生の授業の様子がわかることが大切なポイントです。こんな先生なら教わりたい、ということになるかどうか。ただ、難関校になるとそうした体験はほとんどなくせいぜい文化祭どまりです。残念に思います。

入試体験で見えてくることは、ほかにもあって出題の仕方ですね。とくに、主要の国・数・英で、難問奇問の類があれば論外。文章が読みやすく、問題文自体が理解しやすいことがその学校のレベルの高さそのものといってよいでしょう。

問題文が難しく、すぐには着手できないような問題を出しているところは、いまは少なくなる傾向にありますが、受験する学校の過去の入試がもしそうならば、これからの入試についてどのような方針で臨むのか確認すべきでしょう。

ところで時期的に、偏差値で合格見通しが出るころです。ある知人のお子さまは公立トップ校も合格できる学力だ、と模試で判定されましたが、あえて№2の、近所の公立高校に行くのだそうです。

というのも、くだんの公立トップ校は、文武両道ということで体育系の行事が多く、彼はそれが苦手です。

一方で、公立2番手に行けば、おそらくトップクラスの成績をとることが可能。勉強は得意なので彼にはその方が合っている、と自分で決めているそうです。

これなど入試選択でいえば間違いなく公立トップを選ぶでしょうが、教育選択はその彼の判断のように、やはりその学校で活躍できることが第一にくるはずです。

ただこの例は公立高校ですので入試問題は共通が前提でした。

私立や国立の場合は、ここに入試問題への相性も入ってくるので偏差値通りばかりでもないことをつけ加えておきます。いまの時点では偏差値もさることながら、難関校になればやはり個別の過去の入試問題で判断すべきでしょう。

学力は個性です。自らの強いものを伸ばせる学校を選択しましょう。

私立 INSIDE

マークシート記入の注意点はまずしっかりと濃く塗ること

さあ、ラストスパートの時期に入りました。私立高校の受験生は、入試本番のことがいよいよ気になっているのではないでしょうか。面接のこと、作文のことなどはもちろん、一般入試での筆記試験のことも気がかりでしょう。今回は、その筆記試験で使われるマークシート方式での解答について焦点をあてることにします。

マークシート採点は「高速」かつ「正確」

私立高校の解答用紙は、多くの学校でマークシートを採用しています。

昨年度からは東京都立高校でもマークシート方式が始まりましたし、来春の2017年度（平成29年度）入試からは神奈川県の公立高校でも採用されることになっています（神奈川公立の詳細については本誌締め切りまでには非公表）。

では、なぜこのようにマークシート方式が採用されるようになったのでしょうか。

それは、人の「目と手」による採点と比べて、マークシート方式の方が「高速」かつ「正確」に採点できるからです。

マークシートは、受験者数が多く、限られた時間内に採点を行う試験に適しています。私立高校の受験生数は非常に多くなります。埼玉、千葉などでは2000人を超えるところもあります。

また、私立高校の場合は公立高校との併願者が多いため、合格発表を急がねばならない事情があり、「高速」で採点をしたい、というニーズがあります。

東京や神奈川の公立高校がマークシート方式を採用することになったのは、相次いで判明した「採点ミス」を是正するためです。

公表されているマークシートでの精度をみると、大学入試センター試験では、適切にマークが塗られてさえいれば、マーク読み取り精度は99・99%を超えるそうです。この試験では53万人を超える受験者がいます。

人間の目による採点と違い、文字の見間違いは絶対に発生しません。文字を書くわけではないのですから。

記述式の解答箇所がある場合は、人の目で確認し採点しています。

マークはどのように塗る？焦らず、濃く、ていねいに

マークの形からはみ出さないように濃く塗りつぶしましょう。

マークの形は、楕円型、カッコ型、四角型、正円型等さまざまですが、首都圏の私立高校は【図】のような楕円型がほとんどです。

【図】で示した悪い例のように、はみ出したり、マークの線だけをなぞっている場合は、正しく認識されない可能性があります。

マークとして認識されるかどうかは、マークする濃度と、位置で決ま

ります。

このため、「解答マークはしっかり塗る」「訂正したいマークはしっかり消す」「決められた箇所以外には記入しない」「シートを汚さない」ことが重要になります。

濃淡を作らず均一に塗りつぶすことも心がけましょう。

筆記用具は指定された濃さのものに従いましょう。

【図】

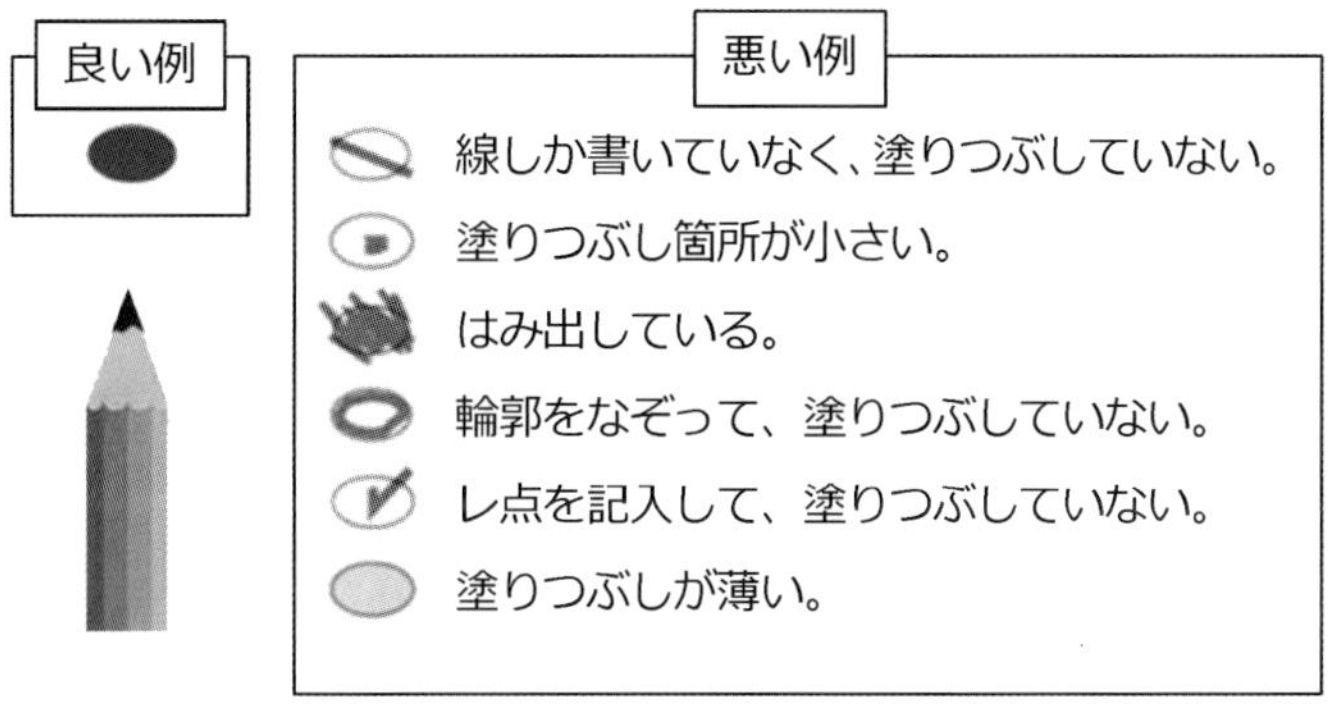
良い例
悪い例
線しか書いていなく、塗りつぶしていない。
塗りつぶし箇所が小さい。
はみ出している。
輪郭をなぞって、塗りつぶしていない。
レ点を記入して、塗りつぶしていない。
塗りつぶしが薄い。

見直すことでマークミスを防ごう

よくあるマークミスには、どんなものがあるでしょうか。

■ノーマーク

マークを忘れてしまうミスのことです。マークを忘れてしまうミスは、生年月日や受験番号等、マークと手書き、両方で記入する場合に起きがちです。

手書きが終わった瞬間に、脳が「もう済んだ」と勘違いしてしまうのです。

マーキングを先にするようにしましょう。

■ダブルマーク

1つの選択しか求められていないのに、マーク欄に複数のマークを塗りつぶしてしまうミスです。マークしたあと、もう一度「マーク欄に抜けがないか？」「1つだけ選択する問題で2つ以上のマークを塗りつぶしていないか」をしっかりと確認しましょう。

■0と1のスタートミス

学校によって、選択肢が0から始まるマークシートと、1から始まるマークシートがあります。0から始まる選択肢を1から始まる選択肢と勘違いし、塗り間違えるミスが「スタートミス」です。

受験番号「121」をマークすべきところを、0から始まるマークシートなのに、1から始まっていると思い込んで、じつは「010」とずれてマークしてしまうのです。マークしたあと、しっかりとチェックしましょう。

■マークずれ

マークミスのうち最も多いのが、「マークずれ」です。マークすべき欄を勘違いした場合、次に続く欄についても順にずれていってしまうミスです。

これを防ぐためには、マークを1問ごとに塗っていく方法と、例えば大問ごとのように数問まとめて塗っていく方法があります。どちらが自分に合っているかを見極めておきましょう。

【1問ごとに塗る方法】解答するマーク欄がずれてしまう可能性は低いですが、1問ごとに塗る作業を行うため、思考が中断されてしまいます。

【数問まとめて塗る方法】思考は中断されませんが、時間配分によっては最後の設問を塗る時間が不足します。また、マークする箇所が1箇所ずれた場合、まとめて塗った設問すべてがずれてしまいます。

数学は、マーク欄がいくつも続く傾向がありますので、マークずれを起こしやすい科目だと意識しておきましょう。

わからない問題を飛ばす場合も、一応チェックマークをしておきます（あとで再度考えるために×印やレ点でかまいません）。解答欄の左端にめだつように記しておくようにします。これを空白にしておくと、それが原因でマークがずれることがよくあります。×印やレ点はあとできれいに消しましょう。

試験終了間際になって「マークずれ」に気づいたが、修正しきれなかったということにでもなれば泣くに泣けません。解答欄がずれていないかを、大問ごとなど細かく確認するようにしましょう。

■分数ミス

数学でよく起きるミスです。

分数の解答を求められた場合、分母と分子のどちらを先にマークするのかも注意を要します。解答は、普通上から順ですから、分子から先にマークしなければならないのに、頭のなかで「○分の○」と反芻《はんすう》していたために、分母を先にマークしてしまった、というミスです。

出願から入学手続きまで 都立高校受検のポイント

安田教育研究所　副代表　**平松 享**

都立には、「推薦」「一般」「二次」など、複数の入試機会があります。それらの出願や受検、合格発表などについて、押さえておきたいポイントを、発表された要項をもとにまとめました。

入試区分

【表1】のように都立高校の入試には、大きく分けて「推薦」と「一般」があり、「一般」には「一次・分割前期」と「二次・分割後期」があります。**田園調布**など、定員を2つに分けて募集する学校では、それぞれを分割前期、分割後期と呼んでいますが、一次、二次と日程は同じです。

「推薦」の検査日は、1月26日と27日の2日間ですが、多くの学校が1日で終わらせています。各校の日程は、直前までわかりませんが、学校説明会などで、予定として知らされることがあります。

また、集団討論の進め方など、出願時に書類が配布されて、詳細がわかる学校があります。日程と進め方はどちらも前年と同じ学校が多いので、各校のHPなどで、あらかじめ調べておくといいでしょう。

「推薦」合格者は、「一般」に出願できませんが、不合格者は同じ学校を含む「一般」に出願できます。**国際**の国際バカロレアコースは「一般」のみの募集（試験日はほかの都立の「推薦」試験日）で、同コースに不合格の場合、同校を含む「一般」を受検できます。

出願と志願変更

出願は「推薦」、「一般（一次・分割前期）」、「同（二次・分割後期）」のそれぞれについて、その都度、必要書類を、受検する学校に持参して提出します。

願書は都内の公立中学校の生徒なら学校から配布されますが、私立や他県の中学校などに在籍している生徒が受検する場合は、都の教育委員会から、個人的に取り寄せる必要があります。

多くの公立中学校では、書類作成のため、「推薦」や「一般」の出願日より10日あまり前に、中学校内の締め切り日を設けています。期限を過ぎると、出願先を変えにくい状況になることがあります。事前に、中学校の先生の話をよく聞いておくことが大切です。

都立高校の一般入試には、各校の倍率を確かめてから、出願先を変更する「志願変更」の制度があります。タイミングよくこれを利用すれば、中学校も対応してくれます。

例えば「一般（一次・分割前期）」の願書受付日は、来年は2月7日と8日ですが、都立各校は、その時点でいったん締め切った倍率を公表し

ます。その数字が翌日（8日と9日）の朝刊に載り、そこで出願を再検討することができます（東京都教育委員会HPには7日と8日の夜にアップされます）。

「志願変更」する場合は、出願した高校に、14日午後3時までに願書を取り下げに行き、15日正午までに、変更先の学校に再提出します。ただし、取り下げた学校へ再提出することはできません。

利用する場合は、必ず中学校の先生に相談し、書類の変更などの手続きをお願いしなければなりません。

なお、「海外帰国生枠」や産業技術高専の合格者は、それ以降の選抜に出願できません。「二次・分割後期」募集でも、それまでの都立合格者は出願できません。

【表1】2017年度東京都立高校入試日程

推薦	願書受付		1月23日（月）（午後3時締め切り）
推薦	面接・実技		1月26日（木）、一部で27日（金）も
推薦	合格発表		2月2日（木）午前9時
推薦	入学手続		2月2日、3日（正午締め切り）
一般一次・分割前期	願書受付		2月7日（火）、8日（水）（正午締め切り）
一般一次・分割前期		取り下げ	2月14日（火）～午後3時
一般一次・分割前期		再提出	2月15日（水）～正午
一般一次・分割前期	学力検査		2月24日（金）《帰国生対象は17日》
一般一次・分割前期	合格発表		3月2日（木）午前9時《帰国生対象は2月22日》
一般一次・分割前期	入学手続		3月2日、3日（正午締め切り）《帰国生対象は～23日》
一般一次・分割前期	★応募倍率の新聞発表（朝刊）…初日分2月8日（水）、2日目締め切り分9日（木）、再提出後確定16日（木）		
一般二次・分割後期	願書受付		3月7日（火）～15時
一般二次・分割後期		取り下げ	3月8日（水）～15時
一般二次・分割後期		再提出	3月9日（木）～正午
一般二次・分割後期	学力検査		3月10日（金）
一般二次・分割後期	合格発表		3月16日（木）正午
一般二次・分割後期	入学手続		3月16日、17日（正午締め切り）

【図】同意書提出の流れ

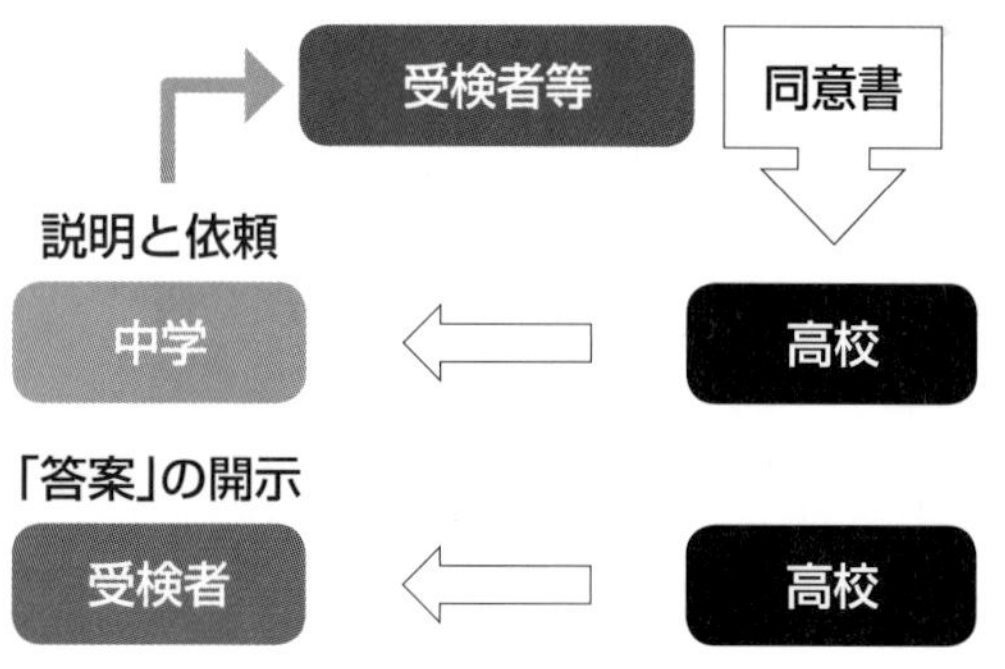

合格発表と入学手続き

合格発表は、「推薦」が2月2日、「一般（一次・分割前期）」は3月2日、「同（二次・分割後期）」は3月16日で、「推薦」と「一般」では午前9時に、「二次・分割後期」では、正午に合格者の受検番号が学校内に掲示されます。インターネットなどでの発表はありません。

手続きの締め切りは、いずれも発表翌日の正午。入学金などの納入はありませんが、入学の意思があるときは、入学確約書を締め切りまでに高校に提出しなければなりません。

都立の「推薦」は、合格した場合、

未来に翔くために…

入試説明会	学校見学会
11月19日（土） 11月26日（土） 12月 3日（土） 各回14:30～	12月10日（土） 12月17日（土） ① 14:00～ ② 15:00～ ※要電話予約

平成29年度募集要項（抜粋）

入試区分	推薦入試【特進コース・文理コース】
募集定員	140名
試験日	1月23日(月)
願書受付	1月16日(月)
試験科目	作文・面接
合格発表	1月23日(月)HP16:00～

入試区分	一般入試【特進コース・文理コース】
募集定員	260名
試験日	2月10日(金)または2月11日(土)
願書受付	1月25日(水)～1月28日(土)
試験科目	英・国・数・面接
合格発表	2月12日(日)HP15:00～

杉並学院高等学校
〒166-0004 杉並区阿佐谷南2-30-17
TEL 03-3316-3311

必ず入学しなければなりませんが、「一般」では、入学を辞退することができます。

来春から加わるのが、「同意書」の提出です【図】。

これまで、入試の得点など（学力検査点、面接点、小論文点などの個人記録）は、受検した高校から中学校に、一律に届けられていました。しかし、これらは個人情報にあたるため、本人（または保護者）の開示請求が必要になりました。それにあたる「同意書」を推薦、一般などの出願時ごとに高校に提出することが必要になりました。これにより、受検生は、中学校で得点などの結果を知ることができるようになります。

なお、答案そのものが見たい場合は、受検生が直接、高校に開示請求することになっています。

【表2】2017年度東京都立高校上位校募集要項

地区	学校の種別・学科 タイプ・指定	学校名	推薦枠	文化スポーツ	学力内申比（一昨年同）	科目数等	分割募集	男女緩和	前年実質倍率	
									男子	女子
旧1学区	進学指導重点校	日比谷	20%		7:3(7:3)	5③			1.62	1.69
	進学指導特別推進校	小山台	20%		7:3(7:3)	5			1.48	1.72
	進学指導推進校	三田	20%		7:3(7:3)	5			1.56	2.00
		雪谷	20%	○	7:3(7:3)	5		○	1.70	1.54
		田園調布	20%		7:3(7:3)	5	○		1.52	1.52
	高等専門学校	産業技術高専	20%		7:3(7:3)	3傾			1.49	
旧2学区	進学指導重点校	戸山	20%		7:3(7:3)	5③			1.76	1.58
		青山	10%		7:3(7:3)	5③			2.07	2.06
	進学指導特別推進校	駒場	20%		7:3(7:3)	5			1.40	1.54
		目黒	20%	◎	7:3(7:3)	5		○	1.81	2.02
	連携型中高一貫	広尾	20%	○	7:3(7:3)	5			1.95	2.62
	進学指導特別推進校・単位制	新宿	10%		7:3(7:3)	5③		合同	1.91	
	進学指導特別推進校	国際	30%		7:3(7:3)	5(3)①傾		合同	2.31	
	単位制	芦花	20%		7:3(7:3)	5		合同	1.57	
旧3学区	進学指導重点校	西	20%		7:3(7:3)	5③			1.55	1.29
	併設型中高一貫	大泉	20%		7:3(7:3)	5③			1.24	1.00
		富士	20%	○	7:3(7:3)	5③			1.09	1.00
	進学指導推進校	豊多摩	20%	○	7:3(7:3)	5			1.64	1.73
		井草	20%		7:3(7:3)	5		◎	1.07	1.33
旧4学区	進学指導推進校	竹早	20%		7:3(7:3)	5			1.42	1.87
		北園	20%		7:3(7:3)	5		○	1.83	1.64
		文京	20%	○	7:3(7:3)	5		○	1.82	1.73
		豊島	20%	○	7:3(7:3)	5			1.36	1.75
	単位制	飛鳥	20%	○	7:3(6:4)	5傾		合同	1.20	
	ビジネスコミュニケーション科	千早	30%	○	7:3(7:3)	5傾		合同	1.36	
旧5学区	併設型中高一貫	白鷗	20%		7:3(7:3)	5③			1.00	1.00
		上野	20%	○	7:3(7:3)	5			1.82	1.72
	進学指導推進校	江北	20%		7:3(7:3)	5		◎	1.47	1.09
	総合学科	晴海総合	30%	○	7:3(6:4)	5(3)		合同	1.14	
旧6学区	併設型中高一貫	両国	20%		7:3(7:3)	5③			1.14	1.25
	進学指導推進校	小松川	20%		7:3(7:3)	5			1.53	1.31
		城東	20%	○	7:3(7:3)	5			1.53	1.36
		江戸川	20%	○	7:3(7:3)	5			1.74	1.61
		深川	20%	○	7:3(7:3)	5		○	1.80	1.75
	コース制	深川(外国語)	30%		7:3(7:3)	5傾		合同	1.53	
	進学指導推進校・単位制	墨田川	20%	○	7:3(7:3)	5③		合同	1.41	
	科学技術科	科学技術	30%	○	7:3(7:3)	5傾		合同	1.04	
旧7学区	進学指導重点校	八王子東	20%		7:3(7:3)	5③			1.29	1.50
	進学指導特別推進校	町田	20%		7:3(7:3)	5			1.26	1.39
	進学指導推進校	日野台	20%		7:3(7:3)	5			1.32	1.29
		南平	20%		7:3(7:3)	5			1.41	1.54
	コース制	松が谷(外国語)	30%		7:3(6:4)	5(3)傾		合同	1.32	
	単位制	翔陽	20%		7:3(7:3)	5		合同	1.37	
旧8学	進学指導重点校	立川	20%		7:3(7:3)	5③			1.38	1.47
		昭和	20%		7:3(7:3)	5			1.73	1.88
		東大和南	20%	○	7:3(7:3)	5			1.61	1.55
旧9学区	併設型中高一貫	武蔵	20%		7:3(7:3)	5③			1.47	1.41
	進学指導推進校	武蔵野北	20%		7:3(7:3)	5			1.25	1.52
		小金井北	20%		7:3(7:3)	5			1.08	1.31
		清瀬	20%	○	7:3(7:3)	5			1.11	1.16
	進学指導特別推進校・単位制	国分寺	20%		7:3(7:3)	5③		合同	1.59	
	単位制	上水	20%	○	7:3(6:4)	5		合同	1.47	
	科学技術科	多摩科学技術	30%	○	7:3(7:3)	5傾		合同	1.65	
旧10学区	進学指導重点校	国立	20%		7:3(7:3)	5③			1.60	1.68
	進学指導推進校	調布北	20%		7:3(7:3)	5			1.40	1.62
		狛江	20%	○	7:3(7:3)	5			1.50	1.50

◎は新規導入、「③」は3科自校作成問題（国際の①は英語のみ）、「合同」は男女合同選抜、「傾」は傾斜配点。

公立 CLOSE UP

精神科医からの処方箋

子どものこころSOS

大人の知らない「子どものこころ」。そのなかを知ることで、子どもたちをめぐる困難な課題を克服する処方箋を示唆。気鋭の精神科医・春日武彦が「子どものこころ」を解きほぐし、とくに受験期に保護者がとるべき態度や言動をアドバイスします。

A5判　並製224ページ
定価　1,700円＋税
ISBN978-4-86512-091-2

価格改定 普及版
新装刊

精神科医　春日 武彦　著

「率直に言って、受験を迎えるお子さんがいるご家庭においては、親子ともに『こころの健康マネージメント』が必要だと感じています。しかし、これを実際におこなっていくのは、なかなかむずかしい。本書は、現実生活のなかでどう対応したらよいのかを、学説や教育論ではなく、こころに届く絶妙な筆致で綴った得難い一冊です」（教育評論家・森上展安）

子どものこころ？

子どもとうまくつきあいたい

受験期にはどう接すればいい？

★ご注文方法
本書は一般書店にてお買い求めになることができます。万が一、書店店頭に見当たらない場合には、書店にてご注文のうえ、お取りよせいただくか、弊社営業部までご注文ください。ホームページからもご注文いただけます。

株式会社 グローバル教育出版

〒101-0047 東京都千代田区内神田２－４－２　グローバルビル
TEL：03-3253-5944（代）　FAX：03-3253-5945

高校入試の基礎知識

過去問と模擬試験結果を活用し ラストスパートをかけよう

中学3年生は、受験本番まで「あと100日」となり、いよいよラストスパートの時期を迎えています。だからといって焦ることはありません。これからの何週間でも、入試の点数を大きく伸ばすことは可能です。今回は、そのために過去問と模擬試験の結果を利用したスコアアップについて考えます。

ラストの過去問活用

インプットの時期は終わり いまはアウトプットの時期

ラストスパートに入ったこの時期は、できるだけ実際の入試問題に近い形式の問題を解くことがプラスになります。

まだ過去問を解いていない人は、いまこそ過去問に手をつけなければなりませんし、すでに過去問を解いている人も、繰り返し解いてみるようにします。また、その学校の過去問と似た類題を探しましょう。模擬試験（模試）などで見つけていけばよいのですが、時間もかかりますので、進学塾の先生に相談してみましょう。

受験直前期は、新しいことを頭に詰め込む、インプットの時期はもはや終わっています。いまは、これまで学んできたことを入試でいかに正確にアウトプットできるか、その練習を積む時期になっています。

受験直前期はなるべく入試問題に近い問題で、本番同様の制限時間で、時間配分や問題を解く順番、捨て問の見極めなどについて練習しましょう。後述しますが、入試では満点を取る必要はなく、合格最低点以上を取ればいいのだ、ということも頭に入れておきます。

弱点分野を問題集でカバー 1日1単元で確実に攻略を

過去問で、入試問題同様の問題を解いていくと、この時期にいたっても苦手分野が続々と出てきます。でも、動揺することはありません。そのために過去問を解いているのです。周囲の受験生も同じなのです。

そして、見つけた苦手分野について、いままで使ってきた問題集にフィードバックして、その分野をもう一度復習します。

ただ、もう時間をかけて問題集を解いているヒマはありません。苦手分野の復習をする場合、1日で1単元程度を確実に復習できるような計画を立てましょう。

大事なのは、1日ずつ「この範囲は完璧に復習できた」という自信を積み重ねていくことです。

1日では時間が不足するときは、その単元を2日、3日と分けて目標とし、毎日が成長しているという実感が伴えば、自信にもつながります。

ラストの模擬試験活用

模試も残り回数わずか これからは答案見直し時期

夏過ぎから毎月受験してきた模試も、これからは受ける機会が少なくなります。私立模試ならあと1回、公立模試でも数回でしょう。

これからの受験直前期は、これまでの模試の返却答案を見直して、スコアアップにつなげましょう。

模試の返却答案の見直しを効率よく進めるにはコツがあります。

まず、「答案すべてを見直す必要はない」ということを頭に入れましょう。

では、どうすればいいかというと、初めに、「あと少しで正解できた問題」を探します。

各科目で見ていくと、おそらく2～3問見つかると思います。その問題と解答を再度点検します。

そのうえで、正解できなかった理由はなんだったのか。計算ミス、設問の意図の読み違え、答え方の勘違い、転記ミスなど、その理由を明らかにしましょう。

そして、実際の入試で同じような問題が出たならば今度は正解できるように、考え方や手順を身につけておきます。

あと少しで正解できたはずの問題だったのですから、多くの時間をかけなくとも、自分のものにできるはずです。

正答率に敏感になろう みんなができる問題から攻略

最近の模試の成績表は、じつに細かく分析されています。

まず敏感にチェックしてほしいのが正答率です。「学力分析表」などと銘打った表に、すべての設問について全受験者の正答率が掲載されているはずです。そして、その横には、あなたがその問題を正答したか否かが、○×などで示されているでしょう。

そこで、あなたが不正解となった問題の正答率を見てみましょう。

受験者正答率が90％もあるのに、あなたは間違えているとしたら、みんなはできた易しい問題を間違えている、ということになります。逆にいえば、この易しい問題を解けるようにすれば、すぐにスコアアップにつながるということです。易しいのですから、復習して理解するのも早いでしょう。

よく言われている正答率の見直し順を示した言葉に『七五三』があります。

これは、70％、50％、30％の順に攻略していけ、ということです。つ

秋の学校説明会・体験授業

第3回 11月19日(土)

○学校説明会 14:00～15:00 予約不要
ダンス部による、オープニングセレモニーあり。
○体験授業 15:30～16:20 要Web予約
《体験授業の内容》

国語	不安をやる気に変えよう！傾向と対策
英語	過去の長文読解問題の中から1題を解説！
数学	入試問題を解く際の注意点

第4回 12月3日(土)

○学校説明会 14:00～15:00 予約不要
吹奏楽部による、オープニングセレモニーあり。
○体験授業 15:30～16:20 要Web予約
《体験授業の内容》

国語	不安をやる気に変えよう！傾向と対策
英語	過去の長文読解問題の中から1題を解説！
数学	入試問題を解く際の注意点

※ 体験授業は、1日につき、1つのみとさせていただきます。
※ 個別相談コーナーを設置します。

【資料請求】
本校窓口にて、学校案内を配布しております。
郵送をご希望される場合は、本校ホームページより、必要事項をご入力の上、資料請求を行ってください。

今すぐアクセス！

専修大学
附属高等学校

MAIL nyuushi@senshu-u-h.ed.jp
〒168-0063 東京都杉並区和泉4-4-1
京王線・都営新宿線 代田橋駅 徒歩10分
東京メトロ丸ノ内線 方南町駅 徒歩10分
TEL.03-3322-7171

まり、自分が不正解だった問題を洗い出して、受験者正答率が70％以上の問題をまず学び直し、次に50％、30％と、難易度が易しい順から復習し確認していくという方法です。

正答率70％以上の問題で基礎基本を再確認する

「正答率が70％以上ある問題」は、受験生なら「絶対解けなければならない問題」と言っていいと思います。基礎基本を試されている問題だからです。

ですから、このような問題で取りこぼすことは、合否に直結すると考えて「なぜ間違えたのか」を慎重にチェックしましょう。

数学の計算問題、国語や英語の漢字や英単語、熟語に関する問題、社会や理科の基本的な語句を答える問題などがこれにあたります。

これを「こんなのわかってるさ」、「ケアレスミスだったから、次はできるよ」とタカをくくっていると大やけどにつながります。

受験では難しい問題の1点も簡単な問題の1点も、同じ1点です。ですから、志望校に合格する点数を取るためには、難しい問題で1点を取るよりも、簡単な問題で1点を取ることの積み重ねが大事なのです。

みんなができて差がつかないはずの問題で、点数を稼げないケースは、受験に失敗する典型的なケースといえます。

本当に、ケアレスミスだったとしても、なぜケアレスミスに陥ったのかを突き詰めて、本番では回避できるようにしておく必要があります。

ケアレスミスは、「しないように気をつけても、してしまうもの」です。

ですから、ケアレスミスをしないように気をつけるだけでは、入試本番で同じようなミスを再度犯してしまう可能性が十分にあるのです。

ですから、これまでの自らのケアレスミスの傾向を過去の答案で洗い出して自覚しておく必要があります。例えば、「合っているもの、間違っているもの」の取り違え、答えるべき単位の勘違いなど、ケアレスミスは多岐にわたります。

これらのミスを防ぐための確認作業の手順などを考えておくと、実際の場面でのスコアアップにつながります。

繰り返しになりますが、正答率が70％以上ある問題は、すべての受験生が解けなければならない問題と心得ましょう。

進学校に進みたいのなら正答率50％の問題がカギ

次に、「もう一度解いたら解けそうな問題」であってほしいのが「正答率50％程度の問題」です。

正答率70％以上の問題は基礎、基本が試される問題でした。正答率50％程度の問題は、さらに、基礎的、基本的な知識を応用して解く問題となります。

国語ならば読み取った心情を要約して書く問題、数学ならば方程式の文章題、英語ならば文節の並び替え問題など、一問一答式解答ではなく、基礎的な知識を応用・活用しないと解けない問題がこれにあたります。

受験では、この正答率50％レベルの問題で差がつくことが多いので、このレベルで点を取ることが大切です。まず、基礎基本となる知識や技能を確実に身につけているかどうかがカギですから、場合によっては中学校低学年時代に使った問題集にまでさかのぼって復習する必要があります。

復習が終わったら、次に類題を何度も繰り返し解いて、問題慣れすることです。この時期から過去問を解くことが推奨されるのもこのためで

Oxford Hertford College dining room

Oxford Big Ben

東京都市大学 等々力高等学校
TOKYO CITY UNIVERSITY TODOROKI SENIOR HIGH SCHOOL
■理念 ノブレス・オブリージュ
noblesse oblige
―高潔な若人が果たすべき責任と義務―

＜説明会（完全予約制）10:00～＞
11/19㊏ 12/18㊐
予約のお申し込みは、各説明会の1ヶ月前の午前0時からホームページ上にて承ります。

＜2017年度 入試概要＞

	募集定員	試験日	試験科目	合格発表
特別選抜コース	一般 40名	2/13（月）	国語・数学・英語、面接	2/13（月）インターネット

併願優遇制度あり

〒158-0082 東京都世田谷区等々力8-10-1 Tel.03-5962-0104 ◎交通／東急大井町線・等々力より徒歩10分
◎ホームページ http://www.tcu-todoroki.ed.jp/ 学校見学等は随時受付けています。詳細はお問い合わせください。

す。

返却答案の「受験者正答率50％程度」の問題ができるようになれば、いわゆる進学校に合格する資格ができた、といっても過言ではありません。偏差値50以上の学校をめざすなら、正答率50％程度の問題は正解できるようになっておく必要があり、それが進学校合格に直結しています。

じつは、正答率50％程度の問題は「正解しやすい問題」です。復習すれば、長い時間はかけずに解けるようになる問題でもあります。

また、いま受験者正答率50％程度の問題で不正解があるということは、早晩、いま以上の点数を取れるチャンスだと考えましょう。

さて、正答率30％以下の問題は「できれば解けた方がよい問題」という程度に理解していればよいと思います。

入試問題は、各科目の受験者平均が60点程度になるように作成されており、合格ラインも60～65％の正答があれば、まず合格といってよいのです。ということは、正解しにくい問題から、正解しやすい問題までバランスよく出題されているわけです。その正解しにくい問題が正答率30％以下の問題です。

ここまで話した、正答率70％～50％の問題が攻略できていれば、まず合格ラインはクリアしているはずです。ですから、正答率30％以下の問題は「できれば解けた方がいい問題」といってよく、時間が残れば取り組みたい、という程度でいいと思います。

「まぐれ正解」を再点検 シビアな対応が大切

最後に注意してほしいのが、「まぐれ正解」問題の再確認と解き直しです。

「適当に選んだら正解できた問題」や、「なぜだかわからないけれど正解できた問題」などを再確認しましょう。

そのような結果は嬉しいものですが、これは模試での結果です。「これも正解のうち」ではなく、シビアに「わからなかった問題なのだから、これも不正解のうち」と考えて点検します。

まぐれで正解した問題が、不正解だったら、その科目は何点だったのかをシビアに計算して、自らに突きつけてみましょう。

さらに、「本当にわからなかったのか」「途中までは理解できていたのか」など、再度解き直して、次に似た問題が出てきたらしっかりと根拠のある正解ができるように、繰り返し練習しておきましょう。

とくに選択肢問題が多い科目では、まぐれ正解も起こりやすいものです。同じ幸運が入試本番でも起こる可能性は高くはありません。

行学一如

豊かな人間性を育てる「心の教育」

駒澤大学はもちろん、他難関大学への進学もしっかりサポート

多彩な行事
活発な部活動

受験生向け行事日程

◆学校説明会 予約不要

第3回 11/23（祝） 15:00～16:10
※13:45より吹奏楽部コンサート

第4回 12/ 3（土） 15:00～16:10

◆学校見学会 予約不要

11/19（土） 11/26（土） 12/10（土）
各回15:00～

1/ 8（日）
①10:00～11:30 ②14:00～15:30

詳細は▶www.komazawa.net/

駒澤大学高等学校
〒158-8577
東京都世田谷区上用賀 1-17-12
Tel.03-3700-6131
Fax.03-3707-5689
アクセス 東急田園都市線
「桜新町」「用賀」より徒歩13分

10月号の答えと解説

問題 Q 英語パズル

1～10の英文の説明に合う英単語はなんでしょう（説明文の末尾の数字はその単語の文字数を表しています）。それぞれの英単語を右のパズル面から探し出して、例のように1つずつ線でつないでみましょう。単語はすべてタテ・ヨコにつながっています。同じ文字が2度使われることはありません。全部の単語を探し出せたら、マス目に残る5個の文字を組み合わせてできる、人の身体に関する単語を答えてください。

A	U	S	T	W	N	I
U	G	R	R	O	E	A
O	M	O	H	U	R	T
T	R	U	T	C	O	F
N	U	O	M	O	X	A
S	R	S	H	N	E	R
E	F	T	N	A	Y	E
O	O	N	U	R	U	S
R	T	C	L	E	A	T

1 【例】the 8th month of the year, between July and September (6)
2 the day after today (8)
3 the brother of your mother or father; the husband of your aunt (5)
4 the direction that is on your right when you watch the sun rise (5)
5 what you earn by working or selling things, and use to buy things (5)
6 a person whose job is to take care of sick or injured people, usually in a hospital (5)
7 the structure that covers or forms the top of a building or vehicle (4)
8 a piece of cloth that is hung to cover a window (7)
9 a place where you can buy and eat a meal (10)
10 a wild animal of the dog family, with reddish-brown fur, a pointed face and a thick heavy tail (3)

解答 HEART（心臓）

解説

それぞれの単語でブロック分けすると右図のようになります。
1～10の単語と日本語訳は次の通りです。

1 **August**　7月と9月の間の、その年の8番目の月
2 **tomorrow**　今日の次の日
3 **uncle**　あなたの母または父の兄弟：あなたのおばの夫
4 **south**　あなたが日の出を見るとき、あなたの右にある方向
5 **money**　あなたが働いたり、ものを売ったりすることで得て、ものを買うために使うもの
6 **nurse**　普段、病院で、病気の人やケガをした人の世話を仕事とする人
7 **roof**　建物や車両の上部を覆ったり、形づくったりする構造物
8 **curtain**　窓を覆うためにかけられる1枚の布
9 **restaurant**　あなたが食事を買って食べることができる場所
10 **fox**　赤茶色の毛皮で、とがった顔とふさふさの太い尾を持つ犬科の野生動物

A	U	S	T	W	N	I
U	G	R	R	O	E	A
O	M	O	H	U	R	T
T	R	U	T	C	O	F
N	U	O	M	O	X	A
S	R	S	H	N	E	R
E	F	T	N	A	Y	E
O	O	N	U	R	U	S
R	T	C	L	E	A	T

中学生のための

学習パズル

今月号の問題

Q 漢字ボナンザグラム

空いているマスに漢字を入れて、三字熟語・四字熟語を完成させてください。ただし、同じ番号のマスには同じ漢字が入ります。最後に□に入る四字熟語を答えてください。

6	3	13	8
千	14	観	8
空	11	12	解
悪	3	雑	2
7	心	13	体
1	10	6	動
自	12	勝	14
他	1	5	儀

4	部	12
6	12	子
4	納	2
7	4	10
下	14	1
9	14	先
4	8	声
7	3	話

年	11	5	10
4	13	9	6
百	1	7	首
四	12	8	符
針	9	棒	4
不	2	実	5
開	3	7	番
11	肉	11	背

【チェック表】

1	
2	
3	
4	
5	
6	
7	
8	
9	
10	
11	
12	
13	
14	

応募方法

左のQRコードからご応募ください。

◎正解者のなかから抽選で３名の方に図書カードをプレゼントいたします。

◎当選者の発表は本誌2017年2月号誌上の予定です。

◎応募締切日 2016年12月15日

10月号学習パズル当選者

全正解者32名

八島　望さん（中３・東京都調布市）

田渕　理斗さん（中３・東京都小金井市）

石垣　果穂さん（中３・埼玉県戸田市）

に挑戦！！

東《とう》京《きょう》都《と》市《し》大《だい》学《がく》等《と》々《ど》力《ろき》高等学校

■ 東京都世田谷区等々力8-10-1
■ 東急大井町線「等々力駅」徒歩10分
■ 03-5962-0104
■ http://www.tcu-todoroki.ed.jp/

学校説明会　要予約
両日とも10：00～12：00
11月19日（土）　12月18日（日）

問題

AB＝16cm，AD＝10cmの長方形ABCDがある。点PはA，点QはBを同時に出発する。

点Pは秒速1cm，点Qは秒速2cmで長方形の周上を反時計回りに進む。

点Pが初めて点Dに到着したところで，点P，Qともに停止する。このとき，次の問いに答えよ。

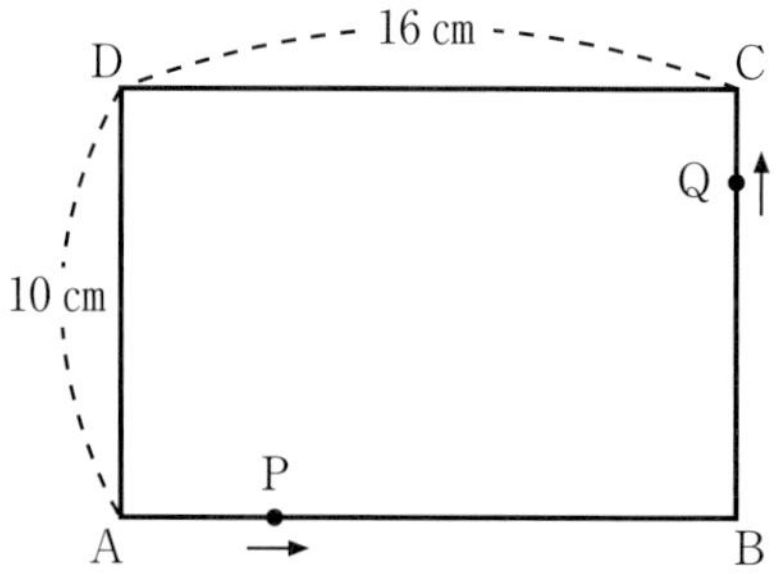

(1) 点Qが点Pに追いつくのは点Pが点Aを出発してから何秒後か。

(2) 点P，Qが停止したとき，線分PQの長さを求めよ。

(3) 点Pが辺BC上にあるとき，△APQの面積の最大値を求めよ。

解答　(1) 36秒後　(2) 6 cm　(3) 80㎠

桐《とう》光《こう》学《がく》園《えん》高等学校

■ 神奈川県川崎市麻生区栗木3-12-1
■ 小田急多摩線「栗平駅」徒歩12分
■ 044-987-0519
■ http://www.toko.ed.jp/

学校説明会
11月19日（土）　13：30～15：00

入試直前説明会　要予約
12月23日（金祝）10：30～12：00
※初めて説明会に参加する受験生対象、学校説明会と同内容

問題

次の問いに答えなさい。

(1) $\sqrt{121-7n}$が整数となるような自然数nのうち，もっとも大きいnの値を求めよ。

(2) 2点A，Bは放物線$y=\frac{1}{2}x^2$上にあり，A，Bのx座標はそれぞれ3, 5である。y軸上に点Pを，AP＋PBの長さが最も小さくなるようにとるとき，点Pのy座標を求めよ。

(3) 1, 2, 3, 3, 3, 4, 5の7個の数字から3個取り出して3けたの整数を作るとき，3の倍数は何通りできるか求めよ。

(4) 大小2個のサイコロを同時に投げるとき，出た目の積が4の倍数となる確率を求めよ。

解答　(1) 16　(2) $\frac{15}{2}$　(3) 25通り　(4) $\frac{5}{12}$

私立高校の入試問題

西《せい》武《ぶ》台《だい》千《ち》葉《ば》高等学校

問題

次のA・Bの各問にそれぞれ答えなさい。

A. 空所に入る最も適切なものを①～⑤から一つ選び、番号で答えなさい。

問1 This song is famous around the world, but the singer's name is not known (　　) many people.
①for ②of ③by ④as ⑤to

問2 I thought Hide could speak English (　　) I.
I must practice harder to be a good speaker of English like Hide.
①better than ②as well as ③not better than ④not so well as ⑤as better as

問3 He came home late last night. He was so tired (　　) he went to bed without having dinner.
①how ②what ③which ④whom ⑤that

B 次の各英文の下線部には、誤っている箇所がそれぞれ一つずつあります。①～⑤から一つ選び、番号で答えなさい。

問4 He is planning to① go skiing to② Australia before③ he graduates from④ college next⑤ spring.

問5 I haven't seen① my aunt for② many years, and I'm really look③ forward to④ seeing⑤ her again this spring.

解答 A 問1⑤ 問2① 問3⑤ B 問4② 問5③

■ 千葉県野田市尾崎2241-2
■ 東武野田線「川間駅」徒歩17分またはバス
■ 04-7127-1111
■ http://www.seibudai-chiba.jp/

個別相談会

11月19日（土） 14：00～16：30
11月27日（日） 9：00～12：00
12月3日（土） 14：00～16：30
12月17日（土） 14：00～16：30
12月23日（金祝） 9：00～12：00

東《とう》京《きょう》家《か》政《せい》大《だい》学《がく》附《ふ》属《ぞく》女《じょ》子《し》高等学校

問題

下の図のような平行四辺形ABCDがある。辺AD上にAE：EDが2：3となる点Eをとり，辺BC上にBF：FCが4：1となる点Fをとる。また，対角線BDと線分EFの交点をGとする。このとき，四角形ABGEと四角形CDGFの面積の比を求めなさい。

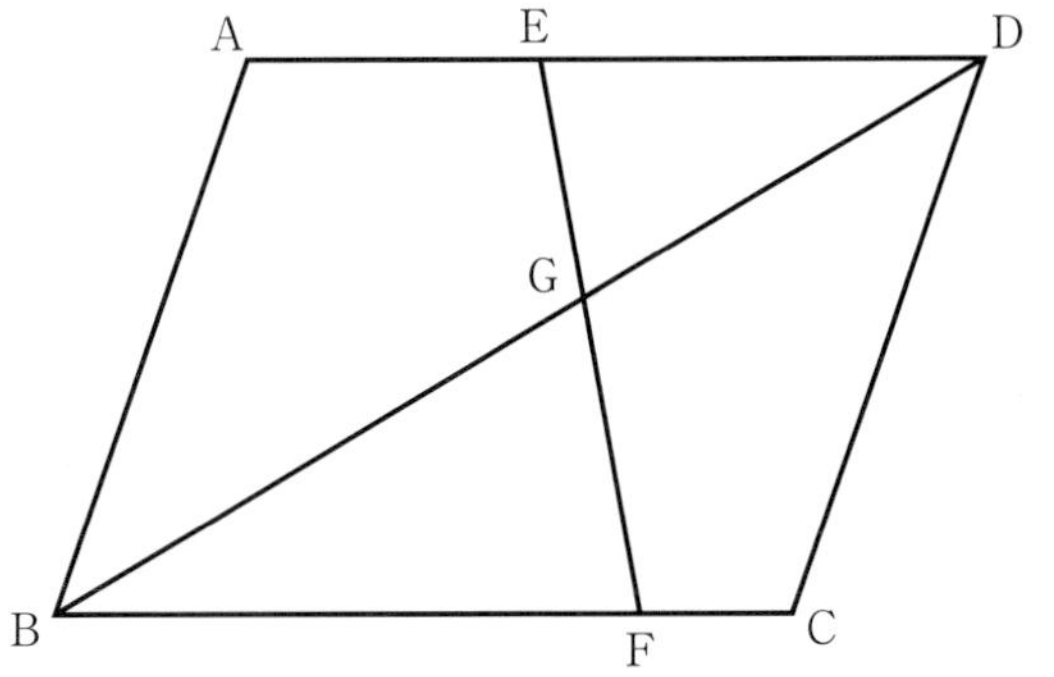

解答 26：19

■ 東京都板橋区加賀1-18-1
■ JR埼京線「十条駅」徒歩5分、都営三田線「新板橋駅」徒歩12分、JR京浜東北線「東十条駅」徒歩13分、東武東上線「下板橋駅」徒歩15分
■ 03-3961-0748
■ http://www.tokyo-kasei.ed.jp/

学校説明会

11月19日（土） 14：00～16：00

入試個別相談会 要予約

12月11日（日） 10：00～16：00
12月18日（日） 10：00～16：00
12月23日（金祝） 10：00～16：00
12月24日（土） 10：00～12：00

みんなの

お便りコーナー

Letter section

サクセス広場

テーマ 部活動でのおもしろ話

先生にランニングをするように言われて、みんなで走っていたのに、その間に先生が忘れて**家に帰ってた**。ひどいよ先生！
（中３・YUTAさん）

映画部です。顧問の先生もいっしょに映画を見ていると、いつも一番感情移入して、泣いたり笑ったり、登場人物に向かって文句を言ったり、先生の**一人芝居**みたいになっています。それを見るのが楽しくて仕方ない！
（中２・先生大好きさん）

テニス部の練習中、手元が狂い、しかも打つ力が強すぎて、奥のフェンスに**ボールが挟まって**しまった。自分のどこにそんな力があったのか…。
（中２・バカ力だけど女子ですさん）

美術部で**部員同士の似顔絵**を描くことに。顧問の先生も参加したら、先生の絵がかなり芸術が爆発してる絵だった！　どれがだれを描いた絵か、クイズして楽しんでました（笑）。
（中１・Y先生最高さん）

ハンドボール部の顧問の先生が見本として打ったジャンプシュートがゴールポストに当たって跳ね返り、**先生の顔面をとらえた**とき。笑いをこらえるのがつらくてつらくて…。
（中１・ふんわりハンドボーラーさん）

テーマ 自分の好きなところ

なにがなんでも、**諦めないところ**です！　部活動でも、先生によくほめられます。最初は、「本当に諦めなければできるようになるのかなぁ…」と疑っていましたが、何週間も練習して成功したときの嬉しさをいまでも忘れません。
（中１・こりこりさん）

目がいいのが自慢。遠くにいる友だちのこともすぐ見つけられる。でも相手は気づいてなくて、周りからは変な目で見られることも…。
（中２・2.0以上さん）

サラサラの髪。女子にもうらやましがられます。でも祖父も父もはげてるからぼくもいつか…。
（中２・男は髪が命さん）

そろばんをやってたので**暗算が得意！**　買い物に行っても大体の会計金額がわかっちゃいます！
（中１・ちょっきーさん）

おいしいご飯を食べれば、大体の**イヤなことは忘れられる**ところです。友だちからも「幸せなヤツ」と言われています。もしかして、バカにされてるのかな？
（中２・トンカツ大好きさん）

テーマ 大切にしているもの

中１のとき、担任の先生にもらった**日記帳**です。クラス全員に配られて、１日ずつ先生からのひと言が書かれています。わけがわからない言葉もありますが、結構自分の心に響くものもあって、なんだかんだで使っています。
（中２・迷いのなかさん）

昔飼っていた**イヌの首輪**です。死んでしまって悲しかったのですが、いっしょにいて学んだことが私は本当に多かったので、それを忘れないようにするためです。
（中３・ありがとうさん）

小学生のころに使ってた**鉛筆**。もうすごい小さくなって書けないけど、愛着がわいてるからお守りがわりにペンケースに入れてる。
（中１・だいじまんさん）

野球観戦に行ったときに、**選手にもらったサイン！**　自分も書く側になってみたくて、こっそりサインの練習をしています。
（中２・O.M.さん）

必須記入事項

A／テーマ、その理由　B／郵便番号・住所
C／氏名　D／学年　E／ご意見、ご感想など

右のQRコードからケータイ・スマホでどしどしお寄せください！
住所・氏名は正しく書いてください!!
ペンネームは氏名のうしろに（　）で書いてネ！
【例】サク山太郎（サクちゃん）

Present!!
掲載された方には抽選で
図書カードをお届けします！

募集中のテーマ

「2016年に挑戦したいこと」

「好きなことわざ」

「冬に見たい映画」

応募〆切 2016年12月15日

ここから応募してね！

ケータイ・スマホから上のQRコードを読み取って応募してください。

掲載にあたり一部文章を整理することもございます。個人情報については、図書カードのお届けにのみ使用し、その他の目的では使用いたしません。

世間で
注目の
イベントを
紹介

! サクセス イベントスケジュール !

11月～12月

イチョウ

イチョウは、葉が黄色く色づく様子が美しいことなどから街路樹として好まれ、街中でもよく目にする植物の1つだ。しかし、イチョウ科の植物は氷河期にほぼ絶滅し、現在見られるイチョウは唯一現存している種類で、絶滅危惧種にも指定されている。よく見るのに、絶滅危惧種なんて、意外だね。

1

2

3

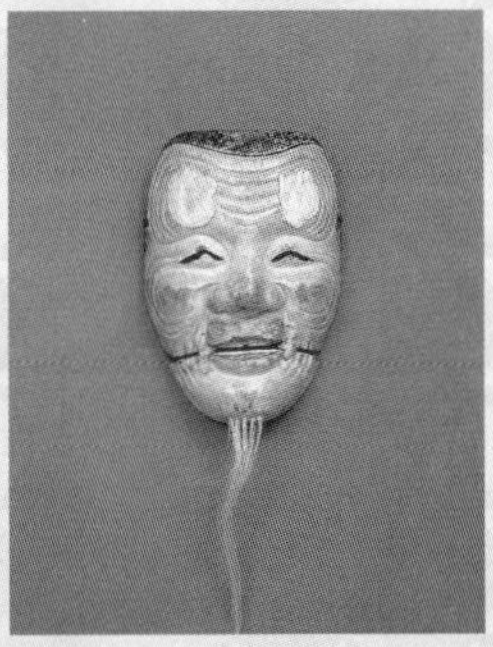

4

5

6

1　個性豊かなデザイン

マリメッコ展
デザイン、ファブリック、ライフスタイル
12月17日（土）～2月12日（日）
Bunkamuraザ・ミュージアム

マリメッコは、1951年に創業された、フィンランドを代表するデザインハウスだ。大胆でカラフルなデザインは、日本をはじめ世界中で愛されている。今回の展覧会では、ヘルシンキのデザイン・ミュージアムから、ファブリック約50点、ヴィンテージドレス約60点など、貴重な資料計200点以上を展示。マリメッコの魅力に迫る内容だ。Ⓟ5組10名

2　全国の「鍋」が集結！

第3回
ご当地鍋フェスティバル
@日比谷公園
12月2日（金）～12月4日（日）
日比谷公園　噴水広場

寒い季節に食べたくなる鍋料理を、思う存分楽しめるイベントが開催されるよ。日比谷公園で行われる「ご当地鍋フェスティバル」は、全国の秋冬の風物詩である鍋料理を集めたグルメイベントだ。それぞれの地域の特色を活かした鍋料理が目白押しで、どれを食べるか迷ってしまうほど。家族や友だちを誘って、食べ比べをしてみるのも楽しそうだ。

3　日本の誇る伝統芸能

特別展　国立劇場開場50周年記念
日本の伝統芸能展
11月26日（土）～1月28日（土）
三井記念美術館

日本の伝統芸能の保存と振興の場として開場し、今年50周年を迎える国立劇場。その節目の年を記念し、日本が誇る伝統芸能の魅力を紹介する展覧会が開催される。「雅楽」「能楽」「歌舞伎」「文楽」「演芸」「琉球芸能・民俗芸能」の6つを柱に、楽器、衣裳、仮面・人形といった芸能具などを展示。伝統芸能の魅力に触れ、和の心を感じてみよう。

4　ミャンマーってどんな国？

ミャンマー祭り2016
11月26日（土）・11月27日（日）
浄土宗大本山　増上寺

楽しみながらミャンマーの文化に触れあえる異文化交流イベントで、毎回6万人以上の来場者が訪れる「ミャンマー祭り」が今年も開催。ミャンマーの国民食モヒンガー（魚だしの麺料理）など多彩なメニューが楽しめるミャンマー市場や、かわいい雑貨が買えるミャンマー横丁、伝統音楽やトークショーを楽しめるステージなど、見どころいっぱいだ。

5　梅原龍三郎とルノワール

拝啓　ルノワール先生―
梅原龍三郎に息づく師の教え
10月19日（水）～1月9日（月祝）
三菱一号館美術館

西洋で学んだ油彩画に、桃山美術・琳派・南画など日本の伝統的な美術を取り入れ、独自の画風を確立した洋画家・梅原龍三郎。梅原が師と仰ぎ、実際に親しく交流していた人物が、フランス近代絵画の巨匠・ルノワールだ。展覧会では、梅原とルノワールの親交に着目し、2人の作品を中心に近代絵画における東西の交流を紹介している。

6　かつしかグルメを楽しもう

かつしかフードフェスタ
2016
11月19日（土）・11月20日（日）
新小岩公園

食欲の秋はまだまだ終わらない！　という食いしん坊さんにおすすめなのがこちら。葛飾区内のグルメが楽しめる「かつしかフードフェスタ」は、葛飾区内に店舗を持つ多彩な飲食店が集まり、各店自慢の味を提供するお祭りだ。地元で愛される老舗の味から、開店間もないお店のフレッシュな味まで、多種多様な「かつしかグルメ」が待っているよ。

1 ファブリック《ウニッコ》(ケシの花)、図案デザイン：マイヤ・イソラ、1964年 Unikko pattern designed for Marimekko by Maija Isola in 1964　**3** 重要文化財 能面 翁 伝春日作 室町時代 三井記念美術館蔵
5 梅原龍三郎《パリスの審判》1978年 油彩/カンヴァス 個人蔵

招待券プレゼント！ Ⓟマークのある展覧会・イベントの招待券をプレゼントします。85ページ「学習パズル」にあるQRコードからご応募ください。（応募締切2016年12月15日）。当選者の発表は賞品の発送をもってかえさせていただきます。

「個別指導」という選択肢──

《早稲田アカデミーの個別指導ブランド》

MYSTA 早稲田アカデミー 個別指導マイスタ

早稲田アカデミー 個別進学館

“個別指導”だからできること × “早稲アカ”だからできること

- 難関校にも対応できる
- 弱点科目を集中的に学習できる
- 部活と両立できる
- 早稲アカのカリキュラムで学習できる

好きな曜日!!

「火曜日はピアノのレッスンがあるので集団塾に通えない…」そんなお子様でも安心 !! 好きな曜日や都合の良い曜日に受講できます。


1科目でもOK!!

「得意な英語だけを伸ばしたい」「数学が苦手で特別な対策が必要」など、目的・目標は様々。1科目限定の集中特訓も可能です。


好きな時間帯!!

「土曜のお昼だけに通いたい」というお子様や、「部活のある日は遅い時間帯に通いたい」というお子様まで、自由に時間帯を設定できます。


回数も都合にあわせて設定!!

一人ひとりの目標・レベルに合わせて受講回数を設定します。各科目ごとに受講回数を設定できるので、苦手な科目を多めに設定することも可能です。


苦手な単元を徹底演習!

平面図形だけを徹底的にやりたい。関係代名詞の理解が不十分、力学がとても苦手…。オーダーメイドカリキュラムなら、苦手な単元だけを学習することも可能です!


定期テスト対策をしたい!

塾の勉強と並行して、学校の定期テスト対策もしたい。学校の教科書に沿った学習ができるのも個別指導の良さです。苦手な科目を中心に、テスト前には授業を増やして対策することも可能です。

小1～高3　冊期講習会 ▶ 12月・1月 実施

小・中・高 全学年対応 / 難関受験・個別指導・人材育成

早稲田アカデミー個別進学館

WASEDA ACADEMY KOBETSU SCHOOL

お問い合わせ・お申し込みは最寄りの個別進学館各校舎までお気軽に!

池袋西口校 03-5992-5901	池袋東口校 03-3971-1611	大森校 03-5746-3377	荻窪校 03-3220-0611	御茶ノ水校 03-3259-8411
木場校 03-6458-5153	吉祥寺校 0422-22-9211	三軒茶屋校 03-5779-8678	新宿校 03-3370-2911	立川校 042-548-0788
月島校 03-3531-3860	西日暮里校 03-3802-1101	練馬校 03-3994-2611	府中校 042-314-1222	町田校 042-720-4331
新百合ヶ丘校 044-951-1550	たまプラーザ校 045-901-9101	武蔵小杉校 044-739-3557	横浜校 045-323-2511	大宮校 048-650-7225
川越校 049-277-5143	北浦和校 048-822-6801	志木校 048-485-6520	所沢校 04-2992-3311	南浦和校 048-882-5721
蕨　校 048-444-3355	市川校 047-303-3739	千葉校 043-302-5811	船橋校 047-411-1099	つくば校 029-855-2660
新規開校	国立校 042-573-0022	首都圏に31校舎(今後も続々開校予定)		

MYSTA 早稲田アカデミー 個別指導マイスタ

お問い合わせ・お申し込みは最寄りのMYSTA各教室までお気軽に!

渋谷教室 03-3409-2311	池尻大橋教室 03-3485-8111	高輪台教室 03-3443-4781
池上教室 03-3751-2141	巣鴨教室 03-5394-2911	平和台教室 03-5399-0811
石神井公園教室 03-3997-9011	武蔵境教室 0422-33-6311	国分寺教室 042-328-6711
戸田公園教室 048-432-7651	新浦安教室 047-355-4711	津田沼教室 047-474-5021

○目標・目的から逆算された学習計画

マイスタ・個別進学館は早稲田アカデミーの個別指導ブランドです。個別指導の良さは、一人ひとりに合わせた指導。自分のペースで苦手科目・苦手分野の学習ができます。しかし、目標には必ず期日が必要です。そこで、期日までに必要な学習内容を終えるための、逆算された学習計画が必要になります。早稲田アカデミーの個別指導では、入塾の際に長期目標／中期目標を保護者・お子様との面談を通じて設定し、その目標に向かって学習計画を立てることで、勉強への集中力を高めるようにしています。

○集団授業のノウハウを個別指導用にカスタマイズ

マイスタ・個別進学館の学習カリキュラムは、早稲田アカデミーの集団授業のカリキュラムを元に、個別指導用にカスタマイズしたカリキュラムです。目標達成までに何をどれだけ学習するかを明確にし、必要な学習量を示し、毎回の授業・宿題を通じて目標に向けて学習し続けるためのモチベーションを維持していきます。そのために早稲田アカデミー集団校舎が持っている『学習する空間作り』のノウハウを個別指導にも導入しています。

○難関校にも対応

マイスタ・個別進学館は進学個別指導塾です。早稲田アカデミー教務部と連携し、難関校と呼ばれる学校の受験をお考えのお子様の学習カリキュラムも作成します。また、早稲田アカデミーオリジナルの難関校向け教材も、カリキュラムによっては使用することができます。

お子様の夢、目標を私たちに応援させてください。

無料 個別カウンセリング 受付中

その悩み、学習課題、私たちが解決します。

個別相談時間 30分～1時間

勉強に関することで、悩んでいることがあればぜひ聞かせてください。経験豊富なスタッフが最新の入試情報と指導経験をフルに活用し、丁寧にお応えします。　※ご希望の時間帯でご予約できます。お電話にてお気軽にお申し込みください。

2016年度 大学入試 合格実績

東京大学62名合格

東大必勝コース1組在籍者の
約62%※が東大に現役合格。

東大進学率
約62%
東大必勝コース1組

国公立大医学部 東京大学理科Ⅲ類1名含む 11名合格

京大・一橋大・東工大 25名合格

※過去3年間の実績。一般の合格率34%

早慶上智大520名合格

高3在籍者約1200名に対して
43%にあたる520名が
早慶上智大に現役合格。

520名合格
高3在籍者の
43%
にあたる人数

GMARCH理科大845名合格

高3在籍者約1200名に対して
70%にあたる845名が
GMARCH理科大に現役合格。

845名合格
高3在籍者の
70%
にあたる人数

1科目でも
別校舎で受講可能
「通いやすい。完全単科制。」

英語 数学 古文 化学 日本史

授業は1科目から受講できるので、はじめは苦手な科目だけを受講し、必要に応じて増やしていくなど、自分に合わせた受講プランを立てることが可能です。また、学力や高校のスケジュールに合わせて、必要な授業を別々の校舎で受講することもできます。

授業だけじゃない
「充実のサポート体制」

■アシストスタッフ

現役の東大・早慶上智大などの学生が「アシストスタッフ」として常駐し、みなさんをサポートします。塾の学習に関する質問はもちろん、高校の定期テスト対策や大学についてなど、さまざまな質問に親身に応じてくれます。

■ラウンジ・自習室

静かで緊張感のある「自習室」は、集中して自習するのに最適です。また、友人と会話できる「ラウンジ」なら、教えあったり情報交換したりしながら一緒に勉強に励むことができます。赤本の閲覧も可能です。

■F.I.T.

無料で利用できる個別学習システム「F.I.T.」。教材データベースから自分に合わせた問題を選んで個別に学習し、アシストスタッフに解説してもらうことができます。普段受講していない教科の定期試験対策も可能です。

医歯薬専門予備校46年の伝統と実績

医学部完全合格98名

高3対象 **医学部合宿** 12/22(木)~17日間250時間超学習
ベテラン講師がつきっきり指導!

出願直前 完全予約制 無料
個別入試相談会12/3㊏・4㊐

受付中 高1~高3
冬期講習会

早稲田アカデミー教育グループ
医歯薬専門予備校
野田クルゼ
〈御茶ノ水〉

資料請求・お問い合わせ・各種お申し込みはお気軽にこちらへ

現役校 Tel 03-3233-6911(代) Fax 03-3233-6922 受付時間 13:00~22:00

本　校 Tel 03-3233-7311(代) Fax 03-3233-7312 受付時間 9:00~18:00

野田クルゼの最新情報はホームページでもご確認いただけます。 野田クルゼ 検索

最難関の東大、早慶上智大、
GMARCH理科大へ高い合格率
大きく伸びて現役合格を目指す

早稲田アカデミー大学受験部で可能性を拡げる

早稲田アカデミー 大学受験部
SUCCESS18

1人でもない、大人数でもない、映像でもない「少人数ライブ授業」

生徒と講師が互いにコミュニケーションを取りながら進んでいく、対話型・参加型の少人数でのライブ授業を早稲田アカデミーは大切にしています。講師が一方的に講義を進めるのではなく、講師から質問を投げかけ、皆さんからの応えを受けて、さらに理解を深め、思考力を高めていきます。この生徒と講師が一体となって作り上げる高い学習効果は大教室で行われる授業や映像授業では得られないものです。

同じ大学を目指すライバル達と切磋琢磨「学力別・志望校別クラス編成」

大学受験部は、学力別・志望校別のクラス編成。このことは自分の目標にぴったり当てはまる授業を選択できるだけでなく、同じ目標を持つ友人と、「同じ志を持つ仲間として、また、時にはライバルとして競争を楽しむ」ことによって互いの合格力を高めるために非常に有効です。

生徒のやる気を引き出し、学力を伸ばす「熱意ある講師」

大学受験部には、大学入試に精通した熱意あふれる講師が揃っています。また、授業を担当する講師達は定期的に連絡を取り合い、個々の生徒の学習状況や成績を共有して最適な学習プランを考え、合格に導きます。

入塾説明会

早稲田アカデミー大学受験部の高い合格率を実現しているシステムを説明すると共に、最新の大学入試事情もお話しします。

詳細はお問い合わせ下さい。

学力診断テスト&個別カウンセリング

詳細はお問い合わせ下さい。

高3対象 東大 合格必勝 合宿

日本全国から東大模試A判定や
学年トップの超優秀生が集結する東大サミット合宿

12/26(月) ▶ 30(金) (4泊5日)

会場 都市センターホテル(永田町)

現役高3生 150名 限定募集!!

早稲田アカデミー大学受験部の詳細はホームページまで 早稲田アカデミー 検索

お申し込み・お問い合わせは

大学受験部 ☎03(5954)3581(代)

スマホ・パソコンで 早稲田アカデミー 検索 ➡「高校生コース」をクリック!

池袋校	03-3986-7891	荻窪校	03-3391-2011	新百合ヶ丘校	044-951-0511
御茶ノ水校	03-5259-0361	国分寺校	042-328-1941	大宮校	048-641-4311
渋谷校	03-3406-6251	調布校	042-482-0521	所沢校	04-2926-2811
大泉学園校	03-5905-1911	たまプラーザ校	045-903-1811	志木校	048-476-4901

Success15 Back Number

サクセス15 バックナンバー好評発売中!

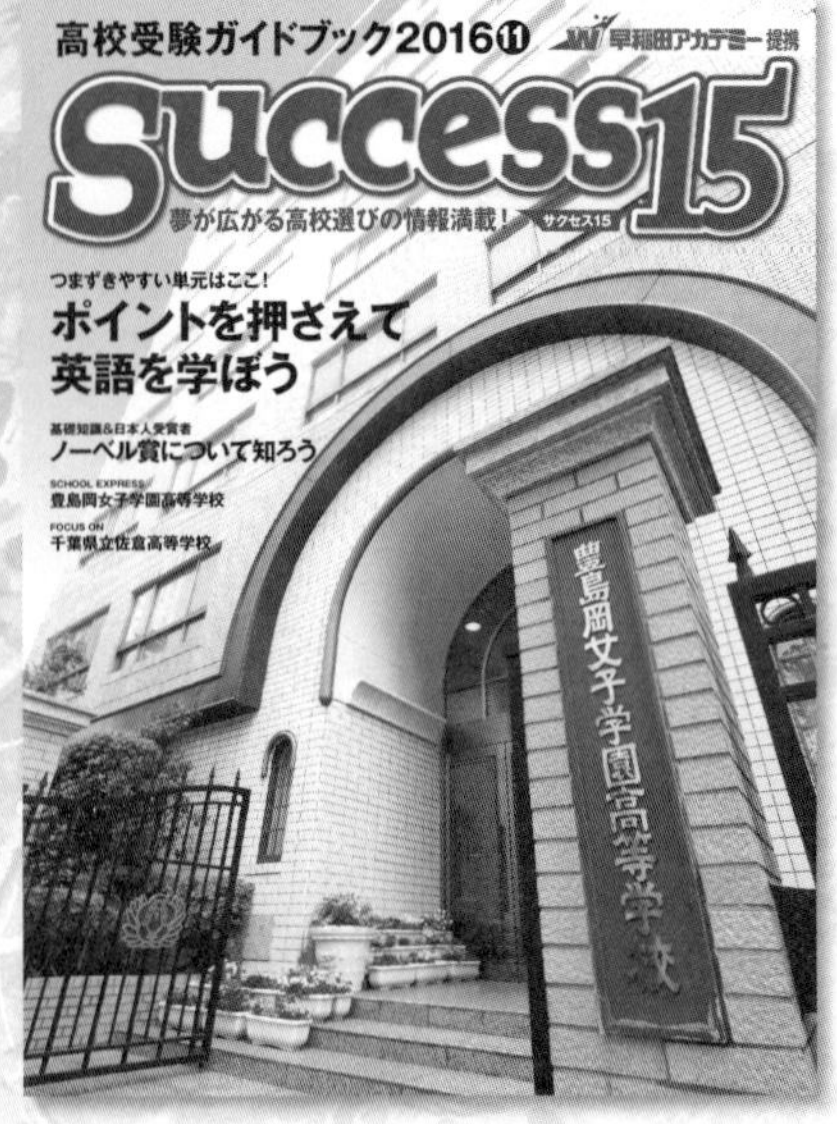

2016 11月号

ポイントを押さえて 英語を学ぼう

ノーベル賞について知ろう

SCHOOL EXPRESS 豊島岡女子学園

FOCUS ON 千葉県立佐倉

2016 10月号

じつは特徴がたくさん 公立高校のよさ、知っていますか?

これが大学の学園祭だ!

SCHOOL EXPRESS 東京都立八王子東

FOCUS ON 神奈川県立厚木

2016 9月号

世界を体感! 視野が広がる! 海外語学研修の魅力

文化祭へレッツゴー!

SCHOOL EXPRESS 埼玉県立大宮

FOCUS ON 市川

2016 8月号

生活面から勉強面まで 夏休み攻略の手引き

語彙力アップのススメ

SCHOOL EXPRESS 筑波大学附属

FOCUS ON 埼玉県立春日部

2016 7月号

役立つヒントがいっぱい! 作文・小論文の書き方講座

いろいろな オリンピック&甲子園

SCHOOL EXPRESS 千葉県立千葉

FOCUS ON 東京都立白鷗

2016 6月号

高校入試にチャレンジ! 記述問題特集

頭を柔らかくして 解いてみよう

SCHOOL EXPRESS お茶の水女子大学附属

FOCUS ON 神奈川県立希望ケ丘

2016 5月号

難関校合格者に聞く ぼくの私の合格体験談

今日から始める 7つの暗記法

SCHOOL EXPRESS 埼玉県立浦和第一女子

FOCUS ON 東京都立国際

2016 4月号

大学で国際教養を 身につけよう

読むと前向きに なれる本

SCHOOL EXPRESS 開成

FOCUS ON 神奈川県立多摩

2016 3月号

読めばバッチリ 高校入試の案内板

2015年を振り返るニュースの時間

SCHOOL EXPRESS 慶應義塾高

FOCUS ON 神奈川県立光陵

2016 2月号

いよいよ本番! 高校入試総まとめ

中学生のための検定ガイド

SCHOOL EXPRESS 千葉県立東葛飾

FOCUS ON 中央大学附属

2016 1月号

過去問演習で ラストスパート

サクラサク合格必勝アイテム

SCHOOL EXPRESS 東京都立日比谷

FOCUS ON 法政大学高

2015 12月号

世界にはばたけ! SGH大特集

苦手でも大丈夫!! 国・数・英の楽しみ方

SCHOOL EXPRESS 埼玉県立浦和

FOCUS ON 中央大学高

2015 11月号

高校受験 あと100日の過ごし方

シャーペン・ザ・ベスト10

SCHOOL EXPRESS 東京都立国立

FOCUS ON 國學院大學久我山

2015 10月号

社会と理科の 分野別勉強法

図書館で、本の世界を旅しよう!

SCHOOL EXPRESS 東京都立戸山

FOCUS ON 明治大学付属中野

2015 9月号

どんな部があるのかな? 高校の文化部紹介

集中力が高まる8つの方法

SCHOOL EXPRESS 神奈川県立横浜翠嵐

FOCUS ON 中央大学杉並

2015 8月号

夏休み レベルアップガイド

作ってみよう!夏バテを防ぐ料理

SCHOOL EXPRESS 早稲田大学本庄高等学院

FOCUS ON 法政大学第二

これより前のバックナンバーはホームページでご覧いただけます(http://success.waseda-ac.net/)

How to order バックナンバーのお求めは

バックナンバーのご注文は電話・FAX・ホームページにてお受けしております。詳しくは96ページの「information」をご覧ください。

さくいん

＜コーナー名＞

＜本文中記事＞

Success15

From Editors

特集１では、各職業につくにはどんな学部をめざしたらいいかを紹介しました。私は職業はともかく、進みたい学部は早くから固まっていたので、まだ将来の目標が決まっていない友だちには「目標があっていいなあ」と言われたものです。でも、なりたい職業や進みたい学部が決まっていないからこそ、色々な可能性を考えながら本当に自分に合った道を選ぶことができるはずです。今回の特集がそんなみなさんの参考になると嬉しいです。

特集２は気分転換にもおすすめな文豪ゆかりの地めぐりです。行く前や行ったあとに彼らの作品を読んでみるのもいいですね。冬本番が近づいているので、風邪を引かないよう暖かい服装でお出かけしてくださいね。（T）

12月号

表紙：渋谷教育学園幕張高等学校

Next Issue 1月号

Special 1

冬休みの過ごし方

Special 2

入試直前期の体調管理

SCHOOL EXPRESS

筑波大学附属駒場高等学校

FOCUS ON

東京都立新宿高等学校

※特集内容および掲載校は変更されることがあります

Information

『サクセス15』は全国の書店にてお買い求めいただけますが、万が一、書店店頭に見当たらない場合は、書店にてご注文いただくか、弊社販売部、もしくはホームページ（右記）よりご注文ください。送料弊社負担にてお送りします。定期購読をご希望いただく場合も、上記と同様の方法でご連絡ください。

Opinion, Impression & etc

本誌をお読みになられてのご感想・ご意見・ご提言などがありましたら、ぜひ当編集室までお声をお寄せください。また、「こんな記事が読みたい」というご要望や、「こういうときはどうしたらいいの」といったご質問などもお待ちしております。今後の参考にさせていただきますので、よろしくお願いいたします。

サクセス編集室お問い合わせ先

TEL：03-5939-7928　　FAX：03-5939-6014

高校受験ガイドブック 2016⑫サクセス 15

発行　2016年11月15日　初版第一刷発行
発行所　株式会社グローバル教育出版
〒101-0047 東京都千代田区内神田 2-4-2
ＴＥＬ　03-3253-5944
ＦＡＸ　03-3253-5945
http://success.waseda-ac.net
e-mail　success15@g-ap.com
郵便振替口座番号　00130-3-779535
編集　サクセス編集室
編集協力　株式会社 早稲田アカデミー

© 本誌掲載の記事・写真・イラストの無断転載を禁じます。